할아버지의
눈에 비친
보물

요놈들
봐라

할아버지의
눈에 비친
보물

요놈들
봐라

콘텐츠 | 김헌, 김강민, 김재윤, 강주영
펴낸이 | 새로운사람들(대표이사 이재욱)
발행일 | 2022년 5월 5일 초판 1쇄 발행
디자인 | 나비
ISBN 978-89-8120-642-0(03810)

ssbooks(새로운사람들)
등록일 | 1994년 10월27일
등록번호 | 제2-1825호
주소 | 서울특별시 도봉구 덕릉로 54가길 25(창동557-85, 우 01473)
전화 | 02)2237-3301
팩스 | 02)2237-3389
이메일 | ssbooks@chol.com

* 책값은 뒤표지에 씌어 있습니다.

할아버지의
눈에 비친
보물

요놈들 봐라

김헌 · 김강민 · 김재윤 · 강주영

새로운사람들

책을 펴내며

장손 각하(閣下)

나는 언설(言舌)이 어눌한 편이고 글 쓰는 재주도 없다. 문사(文士)의 정신이나 문필(文筆)의 기량은 아무나 쉽게 갖추기 어려운 천부적 재능이라는 강박관념에다, 짧은 글이라도 글을 쓰는 내내 고통과 인내의 과정을 거쳐야 하는 시련을 어렴풋이나마 느끼기에 사뭇 두려움이 생기고 또 주저하게도 된다.

자식 자랑은 못난 일이 되고 손자 자랑은 그나마 보아줄 수도 있다고 합니다. 이런 묵시적 관용에 편승하여 감히 용기를 내고 욕심을 부려 글을 엮어 봅니다. 이런 글이 나오고 책까지 펴내게 된 이유가 있습니다.

손자들의 출생 이후 오늘날까지 비록 서툴고 유아적인 언동들일지라도 그들의 인생에서는 첫 단추를 꿰는 일상(日常)의 단계와 과정을 보여주는 것이므로 그들의 인생사(人生史)를 형성하는 데 필요불가결하고 귀중한 기록적 자취와 더불어 정감이 묻어나는 그리운 흔적들을 놓치지 않고 챙겨보려는 욕망에서 나온 것입니다.

현대는 핵가족 시대입니다. 그럼에도 장남만은 꼭 붙잡아서 함께 살고 싶었습니다. 그러나 마음먹은 대로 되지 않았습니다. 장남이 군복무를 마친 후에 첫 직장생활을 위해 다른 고장으로 옮겨가고, 그곳에서 신혼을 시작하니 우리 부부로부터는 떠난 셈입니다. 그래서 항상 애틋하고 그립습니다.

서로 떨어져 살다보니 언제나 정이 아쉬워 민감해지고, 특히나 가족 간에 만났다가 헤어질 때면 떠나기 싫고 섭섭해서 손자들은 울어 눈물바다가 되고, 눈두덩이 붓고 난리도 이만저만이 아니었습니다. 이런 난리의 과정이 7~8년 계속되었는데 당연히 어른들도 울컥했지요. 물론 나도 울었습니다. 그처럼 모두의 마음씨들이 고왔고 순수했습니다.

일에 열심이고 성격이 꼼꼼한 장남은 결혼이 늦어졌고, 집안의 가통을 염려한 나는 다독이듯이 서둘러서 혼사를 이룬 다음에 오랫동안 기다리던 장손을 얻었습니다. 참으로 기뻤고 감개무량했습니다. 출생 후에 손자는 무럭무럭 건강하게 잘 자랍니다. 생명의 경이감이 느껴지고 그 존재감에 경탄이 터져 나옵니다.

장손의 존재는 나에게 축복이요, 보람이요, 성취였습니다. 이름을 짓고 또 그 위상을 되뇌어봅니다. 나에게는 어떤 대상이 될 것인가? 당연히 고귀하고 소중하며 그 어떤 품격을 지닌 위상일 것입니다. 나는 생각 끝에 '각하(閣下)' 라고 별호(別號)를 지었습니다. 그래서 지금부터 '나의 각하'를 주제로 글을 이어 나갑니다.

'나의 각하'에 대한 진면목의 에피소드가 있습니다.

첫 돌이 지날 때쯤인가, 어느 날 백화점 쇼핑을 한 후에 엘리베이터를 타고 내려올 때였습니다. 나는 왼쪽 팔로 '각하'를 받쳐 안고서 5~6명의 백화점 종업원 아가씨들에 둘러싸여 있었습니다. 아가씨들은 또렷또렷하고 건강한 사내애기가 귀여워보였는지 저마다 관심 깊게 다가와서는 자세히 쳐다보고, 윙크를 해대고, 칭찬을 하거나 서로 소곤거리며 웃기도 하는 등 어지간히 부산을 떨었습니다.

그런데 이게 웬일입니까? 잠시 후에 '각하'가 별안간 큰 목소리로 "흐~음~" 하며 웃음을 터뜨렸던 것입니다. 내가 깜짝 놀랐고 그 아가씨들도 놀랐습니다. 얼마나 우렁차고 호기(豪氣)로워 보였는지! 과연 사나이요, 대장부다웠습니다. '각하'는 아마도 어린 소견에서였겠지만 많은 어른뻘의 누나들이 호기심으로 집적대며 야단법석을 떠는 것에 맞장이라도 뜨듯이 성가시다는 표현을 쏟아냈을 테지요.

아무튼 다 큰 누나들의 "어머 저 애 좀 봐. 영웅감이야, 영웅!" 이라는 환호(歡呼)를 받아내며 그 멋진 공간 속의 행복한 순간은 끝을 맺었는데 나는 마음속으로 "야, 이 녀석은 앞으로 보통이 아니겠구나." 하는 자긍심마저 가지게 되었습니다.

'각하'는 성장이 빠르고 건강했는데, 두 살 때는 이런 일도 있었습니다. 할머니가 손자를 너무 애틋이 그리워하여 며느리 품에서 사흘 동안 떼어내 와 본가에서 함께 생활했던 때의 일입니다. 할머니는 신이 났고, 같이 놀아주고, 지극 정성으로 돌보니 집안의 생활 분위기도 밝아지며 모두가 만족하고 즐겁게 시간을 보내고 있었습니다.

그러던 중에 어쩌다가 갑자기 '각하'는 엄마 생각이 나는 모양

인지 시무룩해져서 말이 없었습니다. 눈치 빠르게 할머니가 "각하는 엄마가 보고 싶구나. 그러면 자~ 전화해보자." 하면서 며느리에게 휴대폰으로 통화를 하여 그간의 돌봄 상황을 설명하고, 또 '각하'의 눈치를 살피면서 "이제는 너희 집으로 데려다줄까? 어쩔까?" 하고 제의를 하니, "괜찮아요."라고 대답은 하면서도 저쪽에서는 며느리가 가냘프게 울먹이는 기세였습니다.

그런데 이쪽 방안에는 섬광과 같은 용기의 의기가 번쩍이며 스쳐갔습니다. 모든 것을 지켜보던 우리의 '각하'는 "할머니, 나는 괜찮아요. 나는 할머니가 좋아요. 엄마 집에는 이따 다음에 천천히 갈게요."라고 했습니다. 두 살배기 어린애 입에서 나온 말입니다. 모두가 놀랐습니다. '각하'는 누구보다도 더 훌륭했습니다. 그리고 나는 보았습니다. 이 어린아이의 의리, 협동심, 용기를…. 과연 의젓한 장손의 모습을….

2박 3일 동안의 꿈같은 손자와의 생활을 마치자마자 나는 장손인 '각하'의 고귀한 기개에 마치 보상이라도 하려는 듯, 어린애의 위안을 위해 서둘러서 내 차에 태우고 제 엄마 집으로 데려다 주었습니다.

누구나 손주들은 눈에 넣어도 아프지 않을 듯. 귀엽고 사랑스러울 터입니다. 그들의 언행은 사소한 것도 확대돼 보이고, 단점조차도 장점으로 비치기도 합니다. 그들이 한 짓은 다 좋아 보이고 또 잘한 것이라고 여겨지기도 합니다.

이렇듯이 애지중지하는 나의 장손에게 유아기의 어느 날부터 신통한 일이 나타났습니다. 장손이 말을 하는데 그 표현 속에서 '과연', '어쩐지', '하물며' 같은 부사(副辭, 어찌씨)가 포함된 말을 아주 태연히 당돌하게 발음하는 것이 아니겠습니까. 우리 어른들

은 깜짝 놀랐습니다. 아무도 가르쳐주지 않은 낱말들, 그 표현들이 어디에서 또 어떻게 어떤 연유로 생성되고 이렇게 전파돼 오고 있는 것인가? 그러나 기뻤습니다.

마땅한 재능이 형성되고 있다는 데 자긍심을 느끼며 일상생활 속에서 그런 현상이 빈번해지자 슬며시 외부로 부각시켜 알리고 싶은 충동이 생기기도 했습니다.

할머니는 동창모임이나 계모임 등에서 생활 주변의 세상 이야기가 오가는 계제가 되면 스스럼없이 손자들의 예쁜 짓거리들을 풀어헤쳐서 마치 중대사(重大事)의 전말 보고처럼 신명나게 그들의 존재감과 특출한 언행을 자랑하기에 바쁩니다.

이 할아버지 또한 손자들에 대하여 내가 어떻게 생각하느냐고 남들이 물어올 때면 마치 기다렸다는 듯이 과감하고 당당하게 겸양을 두지 않고 그 자랑스러운 감정을 분명하고 넉넉하게 표출하는 판이니 남들이 오히려 아연실색하는 형편이 됩니다.

장손이 유치원에 들어갔을 무렵, 창원에 있는 성주사로 온가족이 나들이를 갔을 때였습니다. 사찰의 원무과 앞마당에서 뛰놀면서 까불어대고 애먹이는 세 살짜리 동생을 향하여 "천방지축(天方地軸)이네." 하는 말을 내뱉으니 옆에서 이 소리를 들은 보살 스님들은 "꼬마 도련님, 그 말이 무슨 뜻인지 알아요? 어디서 배웠지요?" 하고 물으면서 깜짝 놀라게 만든 일이 있었습니다. 다섯 살 꼬마로서는 좀 과한 표현이었을까요.

이 꼬마 '각하'는 육(肉)고기를 좋아해서 그 맛을 잘 알고 있습니다. 특히 결혼식장에서 원탁의 피로연 테이블 위에 놓인 비프스

NE
NOUS
Dear, my lovely

테이크에 열광합니다. 어느 때인가 제몫의 스테이크 보울 뚜껑을 살짝 들쳐보고는 힘 빠지고 가라앉은 목소리로 "참 어이가 없네!" 라고 하였습니다. 테이블에 함께 자리를 잡아서 식사하려는 우리 가족들과 하객 모두는 깜짝 놀라 어리둥절해졌습니다. 아마도 스테이크 조각이 기대했던 것보다는 그 양이 너무 적어서 엄청 실망하고 낙담한 심정을 그렇게 표현한 것일 테지요.

아이들이 자라나고 손자 형제들도 각각 특색이 나타납니다.

형은 장손답게 의젓하고 책임감이 강하며 의지적인 성격인 반면에, 동생은 개성적인 스타일이고 준재형의 특이성을 갖추고 있습니다. 형이 중후한 표현을 빌려 언설(言說)적인 기담을 많이 생산하며 일기를 쓰는 데 맵시가 뛰어나 담임 선생님께 칭찬을 많이 받는다면, 동생은 유아기를 경유하는 시기(時期)에 때맞추어 참 여러 가지 경쾌한 기행을 많이 보여줍니다.

이 책의 주요 콘텐츠는 장손의 생활일기 내용을 열거한 것이고, 그 다음에 차손의 여러 가지 기행들, 예컨대 '손 장갑 매집하기', '공공청소 봉사 활약', '유행패션 심취 행동', '매미허물 찾아 모으기', '선거홍보 명함 컬렉팅', '시장 아지매 사귀기', '자전거 마니아 행적' 등의 모습입니다. 또한 장손과 차손의 가운데 연령으로서 나란히 함께 성장하고 있는 외손자의 장기(長技)가 되는 '영어 능력', '그림 실력', '수영 단련', '휴대폰-강 박사 이야기' 등등의 생활경력 내용을 약술한 것으로 구성됩니다.

이 글의 서두에서 책의 의의가 잠깐 언급되었지만 이 출판의 동기는 우리 다음 세대의 새싹인 어린이의 일상생활에서 반영되는 언행과 글 표현들을 발굴하고 조명해서 그런 사례들을 통하여 합당한

패턴(pattern)을 마련하자는 데 있습니다.

"구슬이 서 말이라도 꿰어야 보배"라는 금언(金言)이 있습니다.

많은 어린이들이 말과 글과 행동으로 나타낸 여러 표현물들을 무분별, 무관심, 무시로 팽개쳐버릴 수도 있겠지요. 그렇게 된다면 아무리 좋은 자료일지라도 무위(無爲)요, 안타까운 결과가 되고 맙니다. 설령 예쁘고 좋은 말과 글인 줄 알더라도 잠시뿐이고, 지속적인 관심과 칭찬 없이 일회성의 참고용으로 경시해서 한두 번 보거나 들은 후에 곧 잊어버린다면 무슨 소용이 있겠습니까?

여기에서 우리는 어린아이라 할지라도 인격을 존중하고 그 존엄성을 지켜주어야 할 것이고, 어린이의 기록과 자료들도 유실이나 방치 없이 제때에 챙겨서 정리하고 보존하는 체제가 필요하다고 생각합니다. 시의성(時宜性)이 중요하기 때문입니다.

나는 호사가(好事家)도 아니요, 야망을 가진 사람도 아닙니다. 단지 어린 손자들이 예쁘고 귀여워서 그들의 언동을 지켜보다가 그대로 고귀함이 느껴져서 점점 멀어져 가는 흔적일지라도 붙잡아서 남겨두고 싶은 열망을 가지고 채록하여 저장해두었을 뿐입니다.

이렇게 하고 보니 부수적으로 좋은 점도 있습니다. 할아버지에서 손자에 이르는 대가족 전체의 연대와 화목을 돌아보게 되고 동시에 내 인생 자체의 회고와 정리 차원에서 그 어떤 요소라도 의미를 반추해보는 기회가 마련되기 때문입니다.

출판에 있어서의 역할을 보자면 나는 '발간사'를 쓰는 엮은이입니다. 전체 내용을 만드는 수고는 아니지만, 책의 구성과 편집의 측면에서는 비중과 특색의 안배에 착안하여 진행하는 바, 장차는 성인이 된

후의 우리 손자들이 직접 저작한 책들이 많이 나오기를 기대해 봅니다.

손자들에게 재화(財貨)나 보물을 물려주기보다는 이렇게 대가족 공동의 노력과 협동으로 합일된 기록 작품을 창출하는 영광을 얻고 또 가문의 문화유산으로 긍지를 가지며, 이 책을 사랑하는 나의 손자들에게 할아버지의 정성어린 선물로서 헌정(獻呈)하는 바입니다.

감사합니다.

2021년 11월

엮은이 김 헌 (사단법인 김종식미술관 이사장)

차례

제 3장

외손주 이야기

제 1장

장손 이야기

생장연보

2009년 7월 4일 오후 4시 6분

| 김강민 탄생!!

▼

2009년 8월 31일

| 생후 59일째. 옹알이 시작

▼

2009년 11월 19일

| 생후 132일째. 딸랑이에 관심을 보이며 손으로 딸랑이를 잡고 다른 손으로 옮긴다. 손에 잡히는 것은 무조건 입으로….

▼

2009년 11월 26일

| 생후 139일째. 아랫니 두 개가 올라와 있다. 이제 바운서에 앉히면 양손으로 바운서도 잡고 있다.

▼

2009년 12월3일

| 생후 153일째. 양치하고 오니 뒤집어서 엎드려 있다. 드디어 뒤집기 성공! 어제부턴 엄엄마…음아…맘마… 이런 소리도 낸다.

▼

2010년 1월 12일

| 생후 193일째. 강민이 이유식 시작! 윗니가 올라오다.

▼

2010년 1월 16일

| 생후 197일째. 윗니가 올라오더니 아랫니랑 같이 이를 간다. 뽀드득 뽀드득. 연속 뒤집기도 성공!! 보행기도 구입했다.

▼

2010년 2월 1일

| 생후 209일째. 이제 세워서 앉혀주면 폴짝폴짝 뛰며 너무 좋아한다. 벌써 몸무게가 10.5kg.

▼

2010년 2월 18일

| 생후 226일째. 요즘 강민이가 울 때도 "엄마~ 엄마." 하고 울고 소리도 크게 지르고 연속 뒤집기로 온 집안을 다닌다. 보행기 타면 여기저기 잘 다니면서 물건에 관심도 보이고 다리에 힘도 세어졌다.

▼

2010년 2월 22일

| 생후 230일째. 첫 장거리 여행으로 서울 간 날. 차 안에서 별로 칭얼거리지도 않고 잘 견뎌줘서 너무 대견한 날. 밤에 처음으로 "하이!" 이런 말도 했다.

▼

2010년 3월4일

| 생후 239일째. 밤에 재운다고 눕혔더니 꿈틀꿈틀 기기 전 자세를 취한다. 무릎을 세워서 엎드려 있다.

▼

2010년 3월 8일

| 생후 248일째. 엎드려서 리모컨 잡으려고 조금씩 기기 시작했다!

▼

2010년 3월13일

| 생후 253일째. 이제 "엄마~ 엄마~마마"를 아주 자연스럽게 한다.

▼

2010년 3월 19일

| 생후 255일째. 이제 "아빠빠빠빠" 하며 아빠 소리도 한다.

▼

2010년 3월 20일

| 생후 260일째. 이제 앉아 있다 엎드리거나 앉아서 방향 바꾸기도 잘한다.

▼

2010년 3월 24일

| 생후 264일째. 엎드려 있다가 자기 침대 헤드쿠션에 두 손을 올리고 몸을 일으켰다. 무릎은 구부린 채 상체는 다 세운 "ㄴ"자 강민이가 되었다.

▼

2010년 3월 29일

| 생후 267일째. 이제 박수도 친다!

▼

2010년 3월 30일

| 생후 268일째. '바이~바이!' 하는 것처럼 손도 흔든다.

▼

2010년 4월 1일

| 생후 270일째. 강민이가 이제 자기 힘으로 잘 앉는다.

▼

2010년 4월 4일

| 생후 273일째. 자기 침대 가장자리를 잡고 두 발로 선 날! 기는 데 시간이 오래 걸려서 그렇지 기고 나니 앉고 서는 것은 빠르다.

▼

2010년 4월 6일

| 생후 275일째. 구구구 재재재 개개개 대대대~ 요즘 강민이가 제일 많이 하는 말이다.

▼

2010년 5월 8일

| 300일 넘은 강민이는 요즘 장난도 많이 치고 혼자 옹알이를 진짜 많이 한다. 소리도 꽥꽥 지르고 하루 종일 "아빠~ 아빠!" 하고 다닌다. 싫으면 고개를 절레절레 흔든다.

▼

2010년 5월 9일

| 핸드폰이나 리모컨을 귀에 대고 여보세요 하는 것처럼 혼자 옹알거린다.

▼

2010년 5월 15일

| 가르쳐 주지도 않았는데 혼자 손가락질하며 웃으며 좋아한다.

▼

2010년 6월 3일

| 첫 번째 생일을 한 달 앞두고 강민이가 혼자 힘으로 네 발자국이나 걸었다!

▼

2010년 6월 5일

| 강민이에게 "주세요~" 하면 잡고 있던 물건도 주고 좋다고 박수친다.

▼

2010년 6월 17일

| 자기 힘으로 소파 위로 올라왔다.

▼

2010년 7월 16일

| 빗으로 머릴 빗겨줬더니 좋아하며 빗을 달라고 해서 손에 쥐어주니 빗으로 자기 머릴 빗는다.

▼

2010년 7월 17일

| 강민이가 "바이~ 바이!" 하면 손만 흔들었는데 이제 말까지 하며 손을 흔들고 다닌다.

▼

2011년 8월 5일

| "다 왔다! 다 했다!"를 잘 따라한다.

▼

2011년 8월 7일

| 내가 "집이 왜 이렇게 엉망진창이지"라고 했더니 강민이가 "엉망진창" 이렇게 따라했다. 그러더니 곧 "아빠진창"이라고 한다. 엉망진창이 엄마진창인 줄 아나 보다.

▼

2011년 12월13일

| 강민이가 요즘 단 걸 너무 좋아해서 걱정인데 자꾸 비타민을 달라기에 야단을 쳤더니 밥을 한 그릇이나 비웠다. 빨래 건조대 조립하는데, 변기의자 들고 와서 올라서더니 잠깐만 기다리라며 설명서도 보고 조립하는 척했다.

▼

2012년 10월 14일

| -강민이 만 39개월. 장난기도 심하고 정말 미운 네 살. 못하는 말도 없고 궁금한 것도 많다. 아빠한테 야단맞았다고 속상한 마음이 멈추질 않는단다. 짜파게티를 먹어도, 좋아하는 과자를 먹어도, 내가 등을 두드려주고 안아줘도 멈추질 않는단다. 나중에서야 "이제 멈췄어."라고 얘기해주는 우리 강민이. 정말 많이 컸다.

▼

2012년 11월 6일

| 그동안 응가만 꼭 기저귀에 싸던 강민이가 드디어 변기에 응가 했다. 또 하나의 숙제 해결!

▼

2012년 11월 27일

| 분리수거 도와주고 "엄마 장남밖에 없지요?"라고 말하는 기특한 강민이.

▼

2012년 12월 7일

| 눈이 펑펑 내린 날. 강민이 장갑 끼고 눈싸움 한 날.

2012년 12월 10일

| 떼써서 할아버지 따라 부산 갈 날. 엄마는 편하면서도 심심한 기분.

▼

2012년 12월 13일

| 어린이집에서 깍두기 담근 날. 떼쓰기 대장. 학원가자고 떼쓰고 케이크 사달라고 떼쓰고….

▼

2012년 12월14일

| 오늘은 떼도 안 쓰고 밥도 잘 먹은 날.

▼

2012년 12월 16일

| 추워서 밖에도 못 나가고 아침부터 솜사탕 먹는다고 떼쓰기.

▼

2012년 12월 17일

| 내가 기분이 안 좋은 것 같으면 춤을 막 춘다. 그러고는 "엄마 이제 기분이 좋아졌어요?" 이렇게 물어본다. 기특한 녀석이다.

▼

2012년 12월 18일

| 하트 모양 반지 사달라고 온갖 떼를 다 써서 동네 문방구, '다이소'까지 다 돌았다.

▼

2012년 12월 24일

| 어린이집에 케이크를 사서 보내야하는데 지갑을 못 찾아서 할아버지께 5만 원짜리를 받으니 "할아버지가 왜 엄마한테 노란 큰 돈 주시는데요? 할아버지 강민이 줄 것도 있어요?" 이런다.

▼

2012년 12월 25일

| 산타할아버지에게 또봇 W에 타이탄까지 선물 받아 신났다.

▼

2012년 12월 28일

| 흰 눈이 펑펑~ 눈 구경 가서 8살짜리 큰 형이 눈을 던지니 "야! 너, 나한테 맞아볼래? 너 나빠!"라고 말하는 배짱 있는 강민이.

▼

2012년 12월 29일

| 나한테 화나면 "엄마 싫어!" 했다가 화가 좀 풀리면 "나는 엄마가 좋았다 싫었다 그래."라고 말한다.

▼

2013년 1월 1일

| 음료수병에 서울우유 써진 걸 보더니 "엄마 음료수병에 왜 우유가 적혀 있어요?"라고 묻는다.

▼

2013년 1월 7일

| 강민이가 처음으로 삼겹살 1인분을 다 먹은 날!

▼

2013년 1월 12일

| 할머니께 휴롬쥬스 갈아달라고 해서 마시며 "역시 할머니가 하신 휴롬쥬스는 최고야! 할머니가 최고야!"라고 말한다.

▼

2013년 1월 14일

| 동네 길고양이에게 "이것 봐라~ 파워 레인저 전화기다! 변신! 합체!" 이러면서 자랑을 한다.

▼

2013년 1월 15일

| 밥 먹고 나서 껌 씹게 해 달래서 알았다고 했더니 "엄마 고마워." 하기에 "강민이가 밥 먹는다고 해서 엄마가 고마워."라고 말했더니 "엄마가 고맙긴, 내가 고맙지."라고 말한다.

▼

2013년 1월 19일

| 1층에서 아래층 할머니가 외출하시는 걸 보고 집에 와서 막 뛴다. 그러곤 "할머니 안 계시니 뛰어도 되죠?" 이렇게 말한다. 학원 선생님께 "아빠가 여름에 또봇 사주신대요. 아빠가 강민이 너무 사랑하시거든요."라고 말한다.

▼

2013년 3월 15일

| 할아버지 컬러링인 레인보우 브리지 음악을 듣더니 "엄마, 나는 이 노래만 들으면 눈물이 뚝뚝 나올 것 같아요"라고 말한다.

▼

2013년 6월 8일

| 할머니께 재윤이가 습관적으로 자기를 때린다고 일러드린다.

▼

2013년 6월 21일

| 채영이랑 결혼할 거라고, 딸 10명에 아들 1명 낳을 거란다.

▼

2013년 7월 9일

| "채영이랑 결혼하면 집을 어디 구해줄 거냐? 롯데호텔에서 결혼식 시켜줄 거냐?"고 묻는다.

▼

2013년 9월 2일

| Y와 A를 혼자 스스로 썼다.

▼

2013년 9월 12일

| 자기 전에 나를 꼭 안아주더니 "사랑해."라고 말해준다.

▼

2013년 10월1일

| 바다 탐험대 옥토넛에 푹 빠져 있는 강민이.

▼

2013년 10월 4일

| 자기 전에 만화 라바 이야기를 했다. "엄마 라바에 나오는 까만 아이는 왜 나빠요?" 하길래 "까만 아이가 나쁜 게 아니라 먹고 살려고 그런 거야."라고 했더니 "다른 애 것 뺏고 때리니까 나쁜데…."라고 했다. 그래서 "그럼 강민이도 나쁘네. 재윤이 것 뺏고 때리잖아?"라고 하니 한숨을 푹 쉬더니 "딴 데로 말 돌리지 마세요. 내가 지금 라바 얘기하지, 내 얘기하는 거 아니잖아요?" 라고 한다.

▼

2013년 10월12일

| 가지고 놀던 또봇 팔이 부러져서 이건 못 고친다고 말했더니 "나는 포기 안 해!"라고 말한다.

▼

2013년 10월 13일

| 저녁 먹다가 재윤이가 자기 옷에 국을 쏟았다. 나를 보더니 "엄마 정말 이런 아기 낳을래요?" 이런다. 그래서 내가 "그런 얘기

는 아빠한테 하라니까." 했더니 "엄마가 낳았잖아요. 원래 여자가 아기 낳는 거예요."라고 말한다.

▼

2013년 10월 17일

| 화가 나서 "엄마 때문에 내가 많이 곤란하다. 아침에도 곤란했는데 지금은 더 곤란하다."고 말한다.

▼

2013년 10월 22일

| 죽기 싫다고 늙어서 할아버지가 되어도 죽기 싫다고 "어떡해요?"라고 말한다.

▼

2013년 10월 24일

| 알파벳 노래 1~10까지 잘 부른다. 가르쳐주지도 않았는데….

▼

2013년 10월 27일

| 부산에 따라가겠다고 떼써서 채영이 못 본다고 했더니 "채영이랑은 어차피 결혼할 거라서 괜찮다."고 말한다.

▼

2013년 10월 29일

| 라희가 집에 놀러 안 왔다고 엄마한테 실망해서 말하기 싫다며 더 이상 실망시키지 말라고 말한다.

▼

2013년 12월 16일

| 재윤이가 말을 안 들어서 야단쳤더니 "엄마 재윤이 아직 아기잖아요. 이해 좀 해주세요."라고 말한다.

•

산후조리원에서 귀가하여 처음으로 재윤이를 강민의 침대에 눕혀놓자,
형은 처음부터 제 영역인 침대로 기어들면서 놀랍고 신기한 듯 옆으로
함께 누워서는 심쿵한 표정으로 고개를 돌린다.

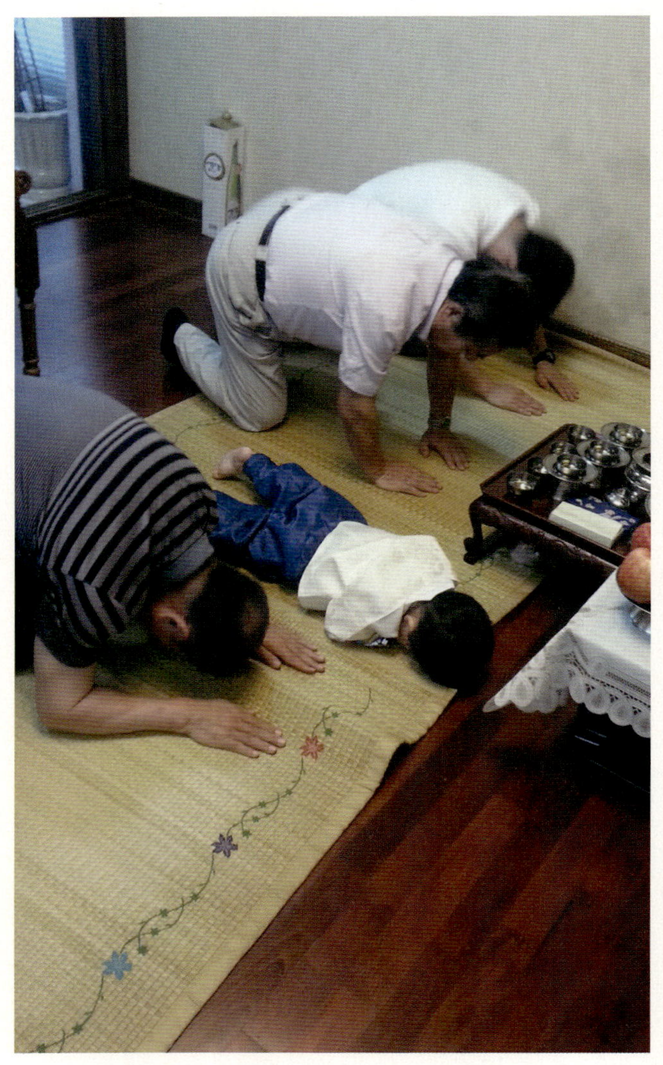

명절 제사

강민이 2학년 때 쓴 일기들

2017년 3월 11일(토) 따뜻한 봄날

오늘은 제사가 있어서 부산에 있는 할아버지 댁에 갔다. 설 이후로 처음 가는 거라 기분이 좋았다. 할아버지, 할머니를 오랜만에 뵈어서 반가웠다. 할아버지 댁에는 맛있는 것도 많아서 좋다. 나도 제사를 지내고 싶었지만 잠이 와서 12시까지 기다릴 수가 없었다. 아쉽기는 하지만 맛있는 것도 먹고 할아버지 댁에서 자고 올 수 있어서 기뻤다.

2017년 3월 24일(금) 봄같이 따뜻한 날

오늘 정주영 회장에 대한 위인전기를 읽었다. 정주영 회장은 농부의 아들로 태어나 부자가 되기 위해 서울에 갔다. 처음은 쌀가게에서 일을 했다. 그 다음은 자동차 정비소를 해서 돈을 벌었다. 많은 어려움이 있었지만 현대건설주식회사를 세웠다. 소양강댐, 경부고속도로를 만들었고 큰 배를 만드는 조선소도 세웠고 해외에서 큰 계약도 따냈다. 정주영 회장은 정직과 신용으로 사람들을 대해서 사업에 성공할 수 있었다. 나도 정주영 회장처럼 사업에 성공하고 싶다. 정주영 회장의 성실함과 정직함을 본받아야겠다.

2017년 3월 26일(일) 흐리고 비온 날

오늘 가족들과 가로수 길에 있는 카페에 갔다. 나는 카페에 가는 것을 좋아한다. 왜냐하면 음료수를 마시면서 얘기를 할 수 있기 때문이다. 오늘은 아빠에게 몰래 말해서 근처에 있는 꽃집에서 꽃을 두 송이 샀다. 한 송이는 엄마에게, 한 송이는 할머니께 드렸다. 할머니께서 너무 기뻐하셔서 나도 기분이 좋았다. 주말은 늘 행복하다. 다음 주 주말도 기다려진다.

•
동생에게 젖병을 물린 강민이

2017년 4월 2일(일) 햇볕은 따스하고 바람은 추운 날

|

제목

BAD ENDING 대게

오늘 동생이 성게 미역국이 먹고 싶다고 계속 졸랐다. 그래서 우리 가족은 처음으로 마산어시장에 갔다. 하지만 성게는 어느 곳에도 팔지 않았다. 그래서 회를 먹기로 하고 횟집에 들어갔는데 동생이 대게를 먹겠다고 떼를 썼다. 얼마 전에 대게를 먹었다고 안 된다고 말렸지만 말을 듣지 않았다. 나는 동생이 너무 철이 없다고 생각되었다. 결국 대게를 먹었는데 동생은 너무 참을성이 없다. 동생도 빨리 철이 들었으면 좋겠다.

2017년 4월 6일(목) 비오고 바람 분 날

|

제목

내가 좋아하는 것들

나는 딱지 치는 것을 좋아한다. 친구들과 어울려 놀 수도 있고 딱지를 잃을 때도 있지만 딸 때는 기분이 좋다. 나는 피구도 좋아한다. 공으로 상대방을 맞추는 재미가 있기 때문이다. 그리고 나는 강아지를 좋아한다. 너무 귀엽고 안을 때 기분이 좋다. 나는 여행하는 것도 좋아한다. 온 가족이 즐거운 시간을 보낼 수 있기 때문이다. 나는 솜사탕을 좋아한다. 입에서 살살 녹는 맛이 최고다!

•
하와이 여행에서 동생과 함께

2017년 4월 27일(목) 맑았다 비 왔다 한 날

제목

하와이 여행

어제 비행기를 타고 호놀룰루 공항에 도착해서 다른 비행기를 타고 빅 아일랜드로 갔다. 잠을 잘 못 자서 피곤했지만 참을 수 있었다. 빅 아일랜드는 제주도의 8배이고 화산 활동을 하는 섬이라 흙이 검정색이었다. 와이피오 전망대에 갔는데 안개가 심해 구경을 제대로 못 해서 아쉬웠다. 빅 아일랜드는 대자연을 볼 수 있어서 좋았지만 차를 너무 오래 타서 많이 힘들었다. 내일도 재밌는 구경을 하고 싶다.

하와이 어린이동산에서

2017년 4월 28일(금) 맑았다 비 왔다 한 날

제목

빅 아일랜드 투어

오늘은 렌트한 차를 타고 빅 아일랜드 투어를 했다. 원주민이 살았던 곳에 갔는데 나는 기념품 파는 곳이 제일 좋았다. 차 안에서 보는 바깥 풍경들이 너무 멋있지만 차를 너무 오래 타서 힘들었다. 푸날로우 블랙 샌드 비치는 모래가 모두 검은 색이고 그곳에서 바다거북을 봤는데 너무 신기했다. 화산국립공원에서는 용암이 만든 라바 동굴도 들어갔었는데 어떻게 용암이 동굴을 만들었는지 궁금했다. 내가 태어나서 처음 본 것들이 많은 하루였다.

하와이 관광센터에서

2017년 4월 30일(일) 비 오고 쌀쌀한 날

제목

진주만

오늘은 아침부터 비가 왔다. 그래서 물놀이도 못 하고 진주만 기념관에 갔다. 비가 와서 비옷을 입고 다녔는데 나는 2차 대전의 내용을 잘 모르지만, 일본이 잘못한 것은 알 수 있었다. 보트를 타고 아리조나 호가 침몰이 되어 있는 곳으로 갔는데, 아직까지 기름이 흘러나오고 있었고, 많은 해군들이 그곳에서 죽었다고 한다. 하지만 나는 물놀이하는 것을 좋아해서 내일은 꼭 물놀이를 하고 싶다.

ALOHA
NORTH SHORE
#ArtopiaHawaii
HAWAii

2017년 5월 1일(월) 해가 쨍쨍한 날

제목

무지개

하와이는 무지개가 유명한 곳이다. 그래서 자동차 번호판에도 무지개가 그려져 있다. 오늘은 차를 타고 동쪽 해안도로를 드라이브했었다. 다른 것도 다 멋있었지만 나는 무지개를 본 할로나 블로우 홀이 가장 아름다웠다. 파도가 칠 때마다 돌 틈 사이로 바닷물이 연기처럼 뿜어져 나오며 무지개가 생겼다가 없어졌다가 했다. 그런 장면은 처음 봐서 신기하고 너무 예뻤다. 안 봤으면 후회할 뻔했다.

•
하와이 여행 중

2017년 5월 2일(화) 햇볕이 뜨겁고 더운 날

제목

파인애플 농장

오늘 파인애플 농장인 돌플렌테이션에 갔다. 3년 전에 갔을 때 나는 차에서 자고 있었다. 그때 구경을 못해서 다시 가게 되었다. 나는 파인애플이 높은 나무에서 열리는 줄 알았는데 땅에 붙은 풀에서 위로 삐쭉 매달려 있었다. 처음 보는 것이라 신기했다. 거기서 먹은 파인애플 아이스크림 맛도 끝내줬다. 기념품도 많이 팔아서 이것저것 사서 더 좋았다. 햇볕은 뜨겁지만 즐거운 날이었다.

crocs

2017년 5월 3일(화) 맑은 날

제목

수영

오늘은 다른 곳을 구경하지 않고 수영만 했다. 관광을 하는 것보다 수영만 하는 것이 더 좋아서 즐거운 날이었다. 오전에는 호텔 수영장에서 놀고, 오후에만 와이키키 해변에서 놀았다. 바닷가에서 수영을 하니 모래 때문에 불편했다. 바닷가에는 사람도 많고 햇볕도 뜨거웠지만 내일 돌아간다고 생각하니 너무 아쉬웠다. 매일매일 수영할 수 있는 하와이 사람들이 부러웠다.

2017년 5월 16일(화) 햇볕이 강한 날

|

제목

두 발 자전거

오늘 내가 두 발 자전거를 탄, 대단한 날이다. 일곱 살 때 두 발 자전거를 배우지 못하고 자전거를 현관에 두기만 했었다. 그런데 학원을 마치고 오니 동생이 두 발 자전거를 타고 있었다. 나는 너무 놀랐다. 그래서 나도 두 발 자전거를 배워야겠다는 생각이 들었다. 저녁에 아빠와 자전거 타는 연습을 했는데 요령을 아니 금방 탈 수 있었다. 너무 기쁘고 신이 났다. 자전거 타기는 참 재밌다.

2017년 5월 21일(일) 맑음

|

제목

축구

오늘 저녁을 조금 일찍 먹고 아빠 회사에서 축구를 했다. 나는 2골을 넣고 동생은 한 골도 못 넣었다. 동생이 공을 못 뺏게 해서 화가 났었다. 그래서 내가 동생 등을 때려서 동생이 울었다. 동생이 규칙을 몰라 놓고 내가 때린다고 우니까 어이가 없었다. 그래도 아빠와 셋이서 축구를 하니 재미있었다. 축구 하러 아빠 회사에 자주 가야겠다.

2017년 5월 27일(토) 엄청난 무더위

제목

동생 유치원 간 날

오늘 동생 유치원에서 가족 참여 수업이 있었다. 나도 그 유치원을 졸업해서 참여할 수 있었다. 유치원이 얼마나 바뀌었는지 궁금했다. 나의 담임 선생님도 보고 싶었는데 다 그만두고 안 계셔서 서운했다. 나뭇가지에 톱질을 해서 나무 장난감도 만들고 텃밭에서 유기농 채소를 따서 맛있는 비빔밥도 먹었다. 오랜만에 유치원에 가보니 유치원 때 생각이 나고 그리웠다. 유치원 때로 돌아가고 싶다.

2017년 6월 3일(토) 엄청 더운 날

|

제목

애견카페

오늘 오랜만에 애견카페에 갔다. 애견카페 문 앞에 가니 개들이 환영해주었다. 나는 마루가 가장 보고 싶었다. 입양을 기다리는 오호와 칠순이가 있었다. 오호와 칠순이는 너무 똑같이 생겨서 구분하기가 어려웠다. 셔틀랜드쉽독인 테리와 캔디는 또 짝 짓기를 실패했다고 해서 실망스러웠다. 테리는 잘 생겼는데 캔디는 왜 싫어하는지 모르겠다. 강아지들은 언제봐도 귀엽다.

2017년 6월 10일(토) 비 올 것처럼 흐린 날

|

제목

소라게 잡기

오늘 마산 가포에 소라게를 잡으러 갔다. 방파제 바로 밑에는 손만 뻗으면 소라게들을 잡을 수 있었다. 나는 물릴까 봐 잡지 않았는데 동생과 아빠는 잘도 잡았다. 할머니가 엄청 큰 소라게를 잡으셨는데 너무 커서 거미 같았다. 우리보다 아빠가 더 신나 보였다. 소라게를 몇십 마리 잡았는데 아빠가 어떻게 키울지 고민이다.

2017년 6월 24일(토) 엄청 더운 날

제목

낚시 카페

오늘 동생이 낚시 카페에 가자고 졸라서 낚시 카페에 갔다. 나는 혼자서 11마리를 잡았다. 그 중에 가장 큰 것은 1.2KG보다 큰 것이라서 힘도 세고 낚기도 어려웠다. 혼자서도 잘 낚으니 낚시가 재미있었다. 내 동생은 피라미 게임에서 가장 작은 물고기를 잡아서 제주도 왕복 항공권을 2장 받았다. 동생은 기분 좋아 했지만, 사장님은 표정이 안 좋아 보였다. 아무튼 공짜 표가 생겨서 이득이었다.

2017년 7월 16일(일) 무더운 날

제목

아빠의 취미

우리 아빠는 매주 게 낚시를 하러 간다. 그래서 오늘도 귀산에 게 낚시를 하러 갔다. 나는 하기 싫어서 바위 위에 앉아 있었다. 아빠는 잡은 게를 다 풀어주면서 왜 자꾸 잡는지 모르겠다. 게 낚시가 아빠의 취미가 된 것 같다. 매주 게를 잡으러 가니 나는 지긋지긋해진다. 아빠에게 다른 취미가 생겼으면 좋겠다.

2017년 7월 17일(월) 덥고 습한 날

|

제목

상 받은 날

오늘 친구사랑 상을 받았다. 학교에서 처음 받는 상이라 너무 기분이 좋았다. 선생님께서 내가 평소에 친구들과 사이좋게 지내서 받는 상이라고 하셨다. 엄마 아빠는 공부 잘하는 상보다 더 좋은 상이라며 기뻐하셨다. 앞으로도 친구들과 친하게 지내야겠다.

2017년 8월 23일(수) 더운 날

|

제목

동생 생일

오늘은 내 동생 생일이다. 그래서 저녁에 내가 좋아하는 스테이크도 먹었다. 나는 재윤이에게 선물을 주지 않았다. 왜냐하면 줄 것이 없었기 때문이다. 아이스크림 케이크도 샀는데 동생이 자기 생일이라고 먼저 먹어버려서 속상했다. 그래도 생일날은 맛있는 것을 많이 먹어서 좋다.

2017년 9월 10일(일) 춥지도 덥지도 않은 날

제목

왕새우 소금구이

오늘 귀산에 왕새우 소금구이를 먹으러 갔다. 지난주에 갔는데 너무 맛있어서 새우 맛이 내 머릿속을 떠나지 않았기 때문이다. 하지만 지난주에 갔던 집은 사람이 너무 많아서 다른 집에 갔는데 그 집도 친절하고 맛있었다. 동생보다 새우를 더 많이 먹고 싶었다. 아빠 엄마는 살찔까 봐 걱정인데 그래도 새우구이가 좋다.

2017년 9월 21일(목) 놀이터에서 놀기 딱 좋은 날

|

제목

직업 놀이

오늘 학교에서 다양한 직업 놀이를 했다. 우리 팀은 실내 사격장을 했고 네일아트, 약국, 빵집, 합기도, 경찰서, 분식점, 태권도 학원도 있었다. 친구들이 우리 팀으로만 모여서 정신이 오락가락했다. 세상에는 참 많은 가게가 있다는 것을 알았다. 장사는 정말 어려운 것 같다.

2017년 10월 4일(금) 맑은 날

|

제목

유레카!!

오늘 밤 9시쯤 동생 몰래 삼촌과 함께 인형 뽑기를 하러 갔다. 나는 파이리라는 인형을 뽑으려고 했지만 실패였다. 꼬북이도 마찬가지였다. 드론이 멋져 보여서 1,000원을 넣고 했는데 드론이 구멍 앞까지 와서 집게에 걸려서 1,000원을 더 넣고 삼촌이 집게를 흔들어서 드론을 뽑았다. 뽑기의 첫 성공이라 너무 좋아 웃음이 멈추질 않았다. 내가 뽑기의 왕이 된 것 같았다.

•
강민이, 다이노스 어린이 야구단에 가입하다

2017년 10월 29일(일) 맑은 날

제목

야구

오늘은 새로 산 야구용품으로 야구를 한 날이다. 아빠 회사에는 넓은 잔디밭이 있어서 야구를 하기에 안성맞춤이다. 오늘은 내가 먼저 타자였다, 나는 홈런을 3개 치고 안타를 4번 쳤다. 나는 야구를 정말 잘하는 것 같다. 나는 정말 나 자신이 자랑스럽다.

•
야구가족

2017년 11월 5일(일) 흐린 날

|

제목

야구

오늘은 온 가족이 아빠 회사에 있는 넓은 잔디밭에서 야구를 했다. 원래 엄마는 야구를 안 하는데 한 번 해보니 재밌다고 했다. 나는 아빠와 했는데 아빠가 공을 좋게 던졌을 때 아주 세게 배트를 휘둘러 홈런을 쳤다. 엄마는 롯데, NC 모자도 쓰고 사진을 찍었다. 엄마는 사진의 여왕인 것 같다. 나도 멋진 야구선수가 되고 싶다.

2017년 11월 12일(일) 바람이 거세게 분 날

|

제목

대변항

오늘 우리 가족은 기장 대변항에 해산물을 먹으러 갔다. 야구 하는 것을 포기할 만큼 나는 해산물의 덕후다. 대변항은 처음 가는 곳이었고 산 낙지를 처음 먹어 보았다. 참기름 장에 찍어 먹었는데 산 낙지가 입안에서 춤을 추는 것 같았다. 산 낙지는 젤리처럼 쫀득쫀득하고 환상적인 맛이었다. 바닷바람도 세고 즐거운 하루였다. 산 낙지를 먹으러 또 대변항에 가고 싶다.

2017년 12월 2일(토) 추운 날

제목

애견카페

오늘 아주 오랜만에 애견카페에 갔다. 입구에 들어서자마자 개들이 우리를 반겨주었다. 내가 좋아하는 마루도 나를 반겨주었다. 정말 오랜만에 개들을 만지니 기분이 좋았다. 개들은 수제 간식을 들고 있으면 바글바글 모여든다. 나는 개들이 좀비 같다고 생각했다. 다음에도 또또또 가고 싶다. 다시 개들의 인생을 보고 싶다.

2017년 11월 25일(토) 미세먼지 많은 날

제목

치열한 메뉴 싸움

오늘 각자의 메뉴가 달라 메뉴 싸움을 했다. 나는 스시를 먹고 싶었고 아빠는 돼지갈비를, 동생은 짜장면을 먹고 싶어 했다. 우리는 자기의 의견이 맞다며 우겨댔다. 동생은 삐졌고 엄마는 골치 아파 했다. 나는 슬슬 배가 고팠고 짜증이 나기 시작했다. 빨리 밥을 먹고 싶어서 내가 양보를 했다. 결국 돼지갈비를 먹으러 갔는데 맛있었다. 메뉴 때문에 싸우는 것은 정말 골치 아픈 일이다.

2017년 11월 26일(일) 미세먼지 많은 날

|

제목

모자 산 날

나는 얼마 전부터 LA다저스 모자가 갖고 싶었다. 왜냐하면 런닝맨에서 유재석이 쓰고 있기 때문이다. 모자가 너무 갖고 싶어서 하루 종일 모자 생각만 났다. 그런데 오늘 엄마의 구두를 고치러 백화점에 갔다. 나는 기회를 놓치지 않고 모자를 득템했다. 그렇게 갖고 싶었던 모자를 사니 기분이 좋았다. 인간의 욕심은 끝이 없다.

•
놀이수영장에서 아빠와함께

2017년 11월 16일(토) 많이 추운 날

|

제목

수영 가기 싫은 날

오늘은 왠지 수영이 가기 싫었다. 힘들어서 수영 수업을 쉬고 싶었다. 하지만 엄마가 허락해 주지 않아서 억지로 수영을 갔다. 내 얼굴은 화난 공룡처럼 인상이 펴지지 않았다. 수영을 하니 더 기분이 나빴다. 엄마가 억지로 수영을 보내서이다. 엄마 아빠는 세상에서 가장 어이가 없다. 앞으로 수영을 많이 미루지 않아야겠다.

•
하와이에서 할머니와 함께

2017년 11월 17일(일) 최고로 추운 날

제목

할머니

할아버지께서 서울에 가셔서 며칠 전부터 할머니가 우리 집에 계셨다. 나는 할머니가 우리 집에 계시면 참 좋다. 요즘 우리 집에 많이 못 오셔서 슬펐는데 할머니가 오시니 기분이 좋았다. 엄마는 동생하고 나를 둘 다 봐야 해서 좀 서운했는데 할머니가 계시면 나를 예뻐해주시고 신경을 많이 써주셔서 기분이 좋아진다. 할머니가 또 오셨으면 좋겠다.

할아버지와 함께

2017년 12월 31일(일) 추운 날

제목

외식

오늘 할머니 할아버지와 함께 아웃백에 갔다. 나는 평소에 스테이크를 좋아하는데 며칠 전 밤부터 잠을 잘 수가 없었다. 아웃백에 도착하니 빨리 먹고 싶어서 심장이 뛰었다. 다른 사람이 먹는 것을 보니 군침이 돌았다. 나는 아웃백에 가면 좋은 점이 음료수와 맛있는 음식이 많이 나와 좋은 것과 스테이크를 먹을 때 그 맛이 환상적이라는 것이다. 고기가 맛있으면서도 부드럽다. 나는 할아버지께 감사해야 할 것 같다.

2018년 1월 1일(월) 입이 얼 것 같은 날

|

제목

새해 날

오늘은 내가 10살이 되는 날이다. 올 2018년은 황금 개띠의 해다. 60년마다 찾아오는 띠다. 나는 3학년이 되면 인찬이와 같은 반이 되고 싶다. 왜냐하면 콤비가 짱이기 때문이다. 나의 목표는 야구 잘하기, 친구들과 사이좋게 지내기이다. 올해는 불운이 올 수도 있고 행운이 올 수도 있다. 나는 행운이 오기를 바란다.

2017년 1월 27일(토) 추움

제목

뜻밖의 행운

오늘 할아버지, 할머니와 같이 옛날 영도 장어집에 갔다. 지난번에 본 강아지 토르가 살이 많이 쪄 있었다. 우리는 식사를 마치고 야구선수 사인볼을 구경했다. 거기에는 NC다이노스 야구선수의 사인볼이 2개 빼고 다 있다. 나와 동생이 계속 관심을 보이자 투수 구창모 선수의 사인볼을 받았다. 나는 동생과 내 꺼니 니 꺼니 싸웠다. 결국 내가 사인볼의 주인이 되었다. 나는 정말 기뻤다. 다음에도 또 받았으면 좋겠다.

•
동생과 함께 이동용 목마를 타다

2018년 2월 3일(토) 추움

제목

동생의 학예회

오늘은 동생의 학예회였다. 그래서 우리는 유치원에 갔다. 유치원에 오랜만에 가는 거라 내부설계를 까먹었다. 우리는 강당으로 갔다. 강당에는 먹을 것이 많았다. 귤은 많았고 떡은 품절이었다. 동생이 한 종목은 팥죽 할머니와 호랑이, 강강술래, 난타, 합창이었다. 나는 너무나도 지루했다. 나는 끝나자마자 차로 달려갔다. 다시는 학예회에 가기 싫다.

강민이 3학년 때 쓴 일기들

2018년 3월 14일(목) 봄이 오는 날씨

제목

봉사위원 당선된 날

봉사위원 선거에 나갈지 말지 며칠 동안 고민했었다. 어제저녁에 봉사위원 선거에 나갈 것을 결심했다. 그리고 친구들에게 무슨 말을 할지 생각하고 연습했다. 문재인 대통령이 대선에 나갈 때 한 말을 베껴서 발표했다. 3학년 때는 한 번쯤은 해 보고 싶었다. 친구들이 나를 뽑아줄지 궁금했고 신채정이랑 경쟁을 했는데 나는 내 이름이 불릴 때마다 심장이 쿵덕쿵덕 뛰었다. 내가 결국 최고 득표로 봉사위원에 뽑혔다. 친구들이 나를 많이 좋아해 주는 것 같아서 행복한 하루였다.

2018년 3월 17일(토) 흐린 날

제목

한복 모델 선발대회

엄마가 한복 모델 선발대회에 나갔다. 엄마 말로는 결승전에서 1등을 하면 300만 원 상금이 있다고 했다. 아빠는 이번 본선에서 엄마가 결승을 간다고 말하고, 나는 결승에 갈 확률이 25% 같다고 생각했다. 1분 워킹하고 몇 시간 기다리는 것은 시간 낭비다. 뭐 이왕 결승 가면 좋은 거고. 40~50대 아줌마들이 꾸며온 것을 보면 정말 환장한다. 심사위원들이 엄마가 포즈를 취하고 있을 때 뒤에 나오는 사람을 보고 있었다. 나는 정말 1분 워킹하고 몇 시간 기다릴 바에야 다른 것을 하겠다. 정말 이해하기 어렵다.

2018년 3월 21일(수) 눈, 비 같이 내린 날

|

제목

엄마가 결승 진출한 날

엄마가 결승에 진출할 거라는 생각은 꿈에도 하지 않았다. 정말 신기하다. 381명 중에 18명이 결승에 갔다. 그 중에 엄마가 결승에 진출했고 나는 엄마가 대단하다고 생각한다. 결승에서 진선미가 되면 파리에 간다. 거기에는 20대 예쁜 사람들이 많아서 엄마는 성형을 해야 할 것 같다. 아마도 진선미에 걸릴 확률은 15% 같다. 엄마는 본선에서 워킹이 많이 흔들렸다. 결선에서 300만 원을 탔으면 좋겠다.

2018년 3월 24일(토) 미세먼지 많은 날

제목

할머니 생신

원래 야구 개막전을 보러 가기로 했는데 할머니 생신이라 가지 못했다. 할머니 생신이라 소갈비 식당에 갔다. 원래 나는 잘 먹는데, 컨디션이 안 좋아서 많이 먹지 못했다. 그때는 아파서 고기 생각이 없었다. 내가 컨디션은 안 좋은데 할아버지는 추가로 많이 시키셨다. 아빠와 엄마는 내가 많이 안 먹어서 엄청 많이 먹었다고 한다. 지나고 나서 생각하니 많이 먹지 않아 후회가 된다. 거기의 고기는 입안에서 사르르 녹는다. 정말 역대급으로 맛있는 것 같다.

•
아파트 놀이터에서 동생과 함께

2018년 3월 28일(수) 미세먼지 많은 날

제목

학부모 참관 수업

참관 수업은 늘 긴장된다. 왜냐하면 많은 다른 엄마들이 우리가 수업하는 모습을 보기 때문이다. 그래서 나는 어제부터 긴장됐다. 인간의 본능은 많은 사람들의 시선을 받으면 긴장하게 된다. 내가 제일 뒷자리라서 많은 엄마들의 시선을 받은 것 같아서 내 뒤통수가 따가웠다. 나는 수업이 얼른 끝나기를 바랐다. 수업이 끝나니 속이 편해졌다. 1년에 1번 하는 참관 수업이지만 할 때마다 힘들다.

증조부 김종식 화백의 탄생 100주년 기념 특별전 부산시립미술관에서

2018년 4월 1일(일) 미세먼지 많은 날

제목

시립미술관

증조할아버지는 화가셨다. 동백훈장도 받으셨고 그림비도 있다. 부산시립미술관에 증조할아버지의 작품이 전시되어 있다. 우리 증조할아버지의 작품이 전시되어 있으니 정말 자랑스러웠다. 나도 증조할아버지의 그림 재능을 물려받고 싶었는데 아무래도 재윤이만 물려받은 것 같다. 내가 증조할아버지의 재능을 물려받으면 대회에서 상도 타고 좋을 텐데 참 아깝다. 5월 25일날 증조할아버지 탄생 100주년 기념 전시회에도 가서 할아버지 그림을 보고 창조적인 아이디어를 생각해 봐야겠다. 증조할아버지는 우리 집안의 가문의 영광이다.

호주 시드니에서 동생과 함께

2018년 4월 4일(수) 비가 주룩주룩 내린 날

제목

원어민 선생님

4월부터 1대 1로 영어 수업을 한다. 선생님의 나이는 26살이라고 했는데 나는 36살은 돼 보인다고 생각했다. 성격은 남자애들이랑 잘 맞고 쿨한 것 같다. 영어로 질문을 계속하는데 무슨 말인지 알아들을 수가 없어서 어리둥절했다. 의사소통이 안 되는 것이 이렇게 불편한지 몰랐다. 선생님이 한국말을 할 때 너무 웃겼는데 진짜 웃을 수가 없어서 속으로만 웃었다. 단어 시험을 백점 받았는데 좀 많이 헷갈렸다. 생각해보니 선생님 이름도 모른다, 내일 여쭤봐야겠다.

다이노스 야구장에서 수비 연습

2018년 4월 10일(토) 추운 날

제목

NC다이노스 리틀야구단

그렇게 들어가고 싶었던 다이노스 리틀야구단에 들어갔다. 내 이름이 적힌 유니폼을 빨리 받고 싶었다. 토요일을 많이 기다려왔다. 가서 보니 나의 타격력을 따라잡을 친구는 없어 보였다. 하지만 나는 수비에 약하다. 동네 야구랑은 차원이 다른 것 같다. 유니폼을 입으니 야구선수가 된 것 같았다. 아빠는 거기서 내 덩치가 제일 커서 롯데 자이언츠의 이대호처럼 보인다고 하셨다. 그 말을 들으니 내가 덩치가 크다는 생각이 들었다. 다다음 주가 되어 경기가 하고 싶다.

2018년 4월 12일(목) 초여름처럼 더운 날

제목

피구 시합

드디어 3-5반이랑 첫 피구 시합을 했다. 체육 시간 전부터 긴장되고 우리 반이 이겼으면 좋겠다는 생각이 들었다. 나는 초반에 공을 맞고 아웃 됐다. 아웃 되니 날벼락 맞은 것처럼 황당했다. 아웃 되고 나서 상대 팀 뒤쪽 공격으로 갔는데 드디어 나에게도 던질 기회가 왔다. 꼭 한 명을 아웃시키겠다는 마음으로 공을 던졌는데 운 좋게 한 명을 맞췄다. 결과적으로 우리 반이 졌는데 그 이유는 친구들이 펭귄처럼 모여 있어서 5반이 공을 던지면 무더기로 아웃됐다. 다음에는 우리 반 친구들이 펭귄처럼 모여 있지 않고 독수리처럼 다니면 좋겠다.

2018년 4월 15일(일) 미세먼지 최악인 날

|

제목

미세먼지

어제 우천 취소된 리틀야구단에 가는 날이었다. 하지만 중국에서 몰려오는 미세먼지 때문에 가지 못했다. 나는 미세먼지가 존재하지 않았으면 한다. 요새는 미세먼지 때문에 못 하는 것이 천지다. 미세먼지를 줄이기 위해 공장을 줄이고 자동차를 많이 타지 않아야 한다. 나는 중국에 유리막을 씌우고 싶다. 내가 만약 문재인 대통령이라면 시진핑에게 공장을 옮기라고 말할 것이다. 나도 엄마 어릴 때처럼 맑은 공기를 마시며 살고 싶다. 맨날 마스크를 껴야 되고 이게 무슨 일인가 싶다.

2018년 4월 19일(목) 이상기후가 올 것 같은 날

제목

달란트 잔치

파아노 학원에서 몇 달 만에 한 달란트 잔치라서 많이 기다렸다. 영어 수업을 마치고 설레는 맘으로 원반을 쫓아가는 강아지처럼 뛰어갔다. 세은이도 같은 피아노 학원을 다녀서 좋은 물건을 많이 사자고 학교에서부터 계획했다. 간식도 먹고 모아놓은 달란트로 장난감을 두 개 샀는데 달란트로 이런 물건을 사는 것이 엄청난 이득 기회라 생각했다. 피아노 학원에서 피아노를 배우지 않고 먹고 마시고 사며 즐기니 재미있었다.

2018년 4월 25일(수) 미세먼지 없는 날

제목

피구대회

1교시에 5반이랑 피구 토너먼트전을 했다. 이번에는 기필코 이겨야겠다고 생각을 했다. 5반에는 피구왕들이 많아서 이기기가 좀 힘들 것 같았다. 초반에는 우리 반이 유리하다가 후반에는 다 잡은 고기를 놓친 것처럼 우리 팀이 불리해졌다. 결국 마지막 판에 22 대 17로 우리반이 졌다. 하지만 패자 부활전이 있다고 해서 우리 반이 1반에게 승리했다. 비록 토너먼트전에서는 졌지만 패자 부활전에서라도 이겨서 우리 반 아이들의 얼굴이 갓 핀 꽃처럼 환했다.

2018년 4월 28일(토) 흐린 날

제목

호주 여행 1탄

기다리고 기다리던 호주에 가는 날이다. 할아버지, 할머니, 아빠, 엄마, 나, 동생, 삼촌이 같이 간다. 호주에 가면 기념품점에 많이 들릴 거라고 마음먹었다. 비행기에 발을 들이는 순간 벌써 호주에 도착한 것처럼 떨렸다. 시드니까지는 10시간 정도 걸린다고 했다. 그 많은 시간을 나는 비행기 안에서 게임, 영화, 식사 등을 하며 10시간을 보내왔다. 정말 힘겹게 버티며 도착한 호주는 재미없는 천국이다. 호주는 청정지역이라 미세먼지도 없고 수돗물을 퍼먹어도 된다.

•
시드니 유원지에서 쿠알라를 안다

2018년 4월 29일(일) 맑은 날

제목

호주 여행 2탄

호주 여행 1탄에 이어 호주 여행 2탄을 쓸 차례이다. 우리 일행은 시드니에서 2박 3일 동안 투어를 한다. 호주에서 유명한 도시를 3개 뽑으면 1. 시드니 2. 멜버른 3. 골드코스트다. 시드니의 대표적인 건축물은 오페라하우스가 있다. 오페라하우스는 정말 예쁘다. 할머니 말씀으로는 오페라하우스가 오렌지를 깎아 만든 것을 디자인해 만들어졌다고 한다. 오페라하우스 내부에는 기둥이 없다. 공연장 안에서는 호주의 오케스트라들이 연습을 한다. 나와 할머니, 삼촌, 동생은 연습하는 것을 보지 못했다. 호주 여행이 너무 길다보니 나머지는 호주 여행 3탄에서 적어야겠다.

멜버른에서 아빠의 무등을 타는 재윤이

2018년 5월 2일(월) 맑은 날

제목

호주 여행 3탄

일기장에 시드니 다음으로 적을 도시는 멜버른이다. 멜버른은 관광거리밖에 없다. 원래 호주는 관광지이지만 그 중에서도 멜버른은 호텔 하나는 좋다. 와이파이는 호주에서 만들었다. 근데 우리나라가 백 배 천 배 더 빠르다. 호주 가기 전만 해도 야구중계는 거의 다 보는데 호주에서는 야구를 못 본다. 멜버른은 그냥 관광도시다. 멜버른은 한국으로 치면 부산이다. 멜버른은 별로 쓸 소재가 없어서 이번 일기는 여기서 끝~.

호주 골드코스트 헬리포트에서 헬기를 타다

2018년 5월 5일(토) 맑은 날

제목

호주 여행 4탄

이번에도 도시를 옮겼다. 그 도시의 이름은 호주의 하와이라고 불리는 골드코스트다. 골드코스트에서는 헬기 투어, 요트 투어, 드림월드를 갔다. 헬기 투어에서는 헬기를 타면 헤드셋을 주는데 마이크가 붙어 있어서 말을 하면 조종사와 헬기를 탄 사람들에게 들린다. 동생과 나는 자꾸 떠들어서 아빠한테 혼났다. 요트 투어에서 꼭 태풍이 불어온 것처럼 바람이 불어서 아빠의 다초점 안경이 물에 빠졌다. 아빠는 정말 속상했을 것 같다. 드림월드에서는 범퍼카를 탔다. 외국인들이 어찌나 박아대던지 제대로 타지도 못했다. 아빠와 할아버지는 오토바이를 탔다. 아빠는 오토바이가 재밌었다고 했지만 나는 무서울 것 같다. 오토바이를 탔을 때 아빠의 표정은 이랬다. 나는 아빠의 표정이 광대처럼 웃겼다. 여행은 힘들지만, 가끔씩은 가줘야 된다고 생각한다. 호주는 자연의 본 터인 것 같다.

•
공식 야구시합 경연에서 동생과 함께 프리배팅 연습중

2018년 5월 12일(토) 비온 날

제목

야구선수 만난 날

아빠 회사에서 야구를 하고 마산야구장에 가보기로 했다. 우리는 샵에 갔다. 나올 때 NC다이노스의 박석민 선수를 만났다. 나는 너무 들떠서 어쩔 줄 몰랐다. 나는 박석민 선수에게 사진을 찍어달라고 했다. 박석민 선수는 친절하게 사진을 찍어주었다. 나는 NC야구선수와 처음 사진을 찍는 거라 계속 웃음이 나오고 표정관리가 안 됐다. 이것은 나에게 벼룩시장에서 순금을 500원 주고 산 것 같은 기분이었다. 박석민 선수는 성격도 좋고 팬을 위한 서비스도 잘 해주는 멋진 선수인 것 같다. 다음에는 나성범 선수도 만나보고 싶다.

•
연예인처럼, 동생 재윤의 패션

2018년 5월 17일(금) 덥고 습한 날

제목

동생의 패션 세계

내 동생은 한 번 어떤 사람이나 캐릭터에 빠지면 그 사람의 특징을 따라한다. 동생은 패션을 정말 중요하게 여긴다. 예전에는 정장, 지금은 야구복에 빠졌다. 옷에 뭐가 조금이라도 묻으면 울먹거린다. 학교에 야구복을 입고 다닌다. 동생은 외모관리는 잘하는 것 같다. 동생은 실력은 별로인데 겉멋만 들었다. 동생은 매일 같은 옷만 입으려고 고집 부려서 다른 사람들은 엄마가 옷도 사주지 않는다고 생각할 것이다. 매일 같은 옷만 입는 것도 힘든 일인데 그 끈기도 재능이라고 생각한다. 나는 동생의 패션 세계를 봤을 때 커서 패션 쪽이 어울릴 것 같다.

공식 야구시합 경연에서 타격 자세

2018년 5월 19일(토) 햇볕은 덥고 바람은 추운 날

|

제목

야구 수업

3주 만에 주니어 다이노스 야구수업을 하러 갔다. 난 아침부터 야구복을 입고 야구 장비를 챙겼다. 나는 빨리 야구를 하고 싶어서 승부욕에 불타는 레이싱 카처럼 뛰었다. 캐치볼로 몸을 풀고 수업을 시작했다. 처음 보는 아이도 있었다. 나는 그 아이들의 실력이 궁금했는데 실력은 몰라도 덩치에서 밀리지는 않았다. 내가 공을 쳤을 때 중간으로 내 타구가 레이저처럼 뻗어 나가서 꼭 만루 홈런을 친 것처럼 기뻤다. 나는 야구를 즐기고 좋아해서 야구를 하는 순간순간이 기쁘고 행복하다.

2018년 5월 22일(화) 햇볕이 따가운 날

제목

NC다이노스 봄 소풍

저번에 우천 취소된 다이노스 봄 소풍이 열리는 날이다. 나와 동생은 1군 선수들이 오는 줄 알고 기대를 했다. 하지만 1군 선수들은 오지 않고 손민한 코치가 왔다. 손민한 코치도 유명한 선수였기 때문에 싸인을 받고 싶었다. 나는 모자, 배트, 공에 싸인을 받았다. 박석민 선수와 사진을 찍었을 때보다 기분이 백배는 더 좋았다. 응원가 율동을 잘 따라하면 야구공을 준다고 해서 나는 평소에 잘하지도 않는 율동을 정신 집중해서 따라했다. 그렇게 열심히 했는데 야구공을 받지 못해서 아쉬웠다. 내가 태어나서 율동을 이렇게 고되게 한 것은 처음인데 나를 몰라줘서 속상했다. 그래도 안 가는 것보다 가서 좋은 경험을 한 것이라고 생각한다.

2018년 5월 26일(토) 미세먼지 많은 날

제목

막장 드라마 같은 한복 모델 선발대회

한복 모델 선발대회 결선에 갔다. 결선에 가니 무려 4시간이나 의자에 앉아 있어야 한다. 저승사자처럼 입고 온 사람도 있고 머리에 꽃을 얹고 온 사람도 있었다. 선덕여왕처럼 입거나 조선시대 평민처럼 입고 온 사람도 있었다. 그 사람들이 상을 받을 감은 아니라고 생각했다. 예쁜 사람이 많이 있지는 않았다. 상을 받은 사람들을 보면 예쁘다고 평가할 수 있는 사람이 거의 없었다. 결국 우리 엄마는 상을 받지는 못했지만 최선을 다했다. 내년에 우리 엄마가 또 나가면 아빠 카드에서 돈이 줄줄이 찍혀나갈 것 같다. 우리 엄마가 상을 받지 못해서 억울한 것 같다.

2018년 6월 2일(토) 한여름 날씨

|

제목

야구 보러 간 날

37살 먹은 우리 엄마가 처음으로 야구장에 가는 날이다. 나는 우리 엄마에게 나성범 유니폼과 모자를 빌려주었다. 엄마는 37살 인생 처음 야구장에 와 본티를 내지 않으며 야구를 봤다. 엄마에게 유니폼은 잘 어울리지만 뭐가 묻을까 봐 안절부절 했다. 나는 파울볼을 잡고 싶어서 1루석에 앉았는데 파울볼이 한 번도 오지 않아 짜증이 났다. 스트럭스와 나성범이 홈런을 쳤지만 6대 4로 졌다. NC가 자꾸 경기에서 지는 것이 다이노스인 공룡의 이름값을 못하는 것 같다. 그대로 야구장에 가서 응원도 하고 선수들에게 싸인도 받아서 기분은 좋았다. 다음에 야구장 가면 NC다이노스가 이겼으면 좋겠다.

2018년 6월 3일(일) 더운 날

제목

증조할아버지 그림 전시회

지난주 금요일부터 김종식 탄생 100주년 특별 전시회를 시작했다. 오늘 엄마아빠와 미술관에 갔다. 증조할아버지 작품은 3층 전시관에 전시되어 있었다. 증조할아버지가 이렇게 유명하신 줄은 몰랐다. 나는 몇 십 개의 작품 중에서 〈소〉라는 작품이 제일 마음에 들었다. 그 이유는 내가 소띠이기 때문이다. 나는 증조할아버지 작품이 그렇게 많은 줄 처음 알았고 평생 그림을 그리시며 자기의 일을 끝까지 하신 증조할아버지를 본받고 싶다. 많은 부산 사람들이 증조할아버지 작품을 보러 미술관에 갔으면 좋겠다. 나는 증조할아버지를 한 번도 뵌 적은 없지만 실제로 꼭 만난 것 같은 기분이 들었다. 화가마다 표현하는 방법이 다르고 어떤 그림은 내가 알아보기 힘들었지만 할아버지만의 창조적인 표현을 하신 것 같다.

조부모님과 함께 극장가에서

2018년 6월 6일(수) 더운 날

제목

현충일

현충일은 국토방위에 목숨을 바친 군인들을 기념하는 날이다. 6.25 전쟁에서 목숨을 잃은 육군뿐 아니라 나라를 위해 목숨을 바친 애국선열의 넋을 위로하고 추모하는 날이 현충일이다. 나는 현충일의 중요함을 몰랐지만 오늘부터 현충일을 중요시해야겠다고 생각했다. 내가 만약 그 시대에 태어났다면 나 또한 나라를 위해 열심히 싸웠을 것이다. 오늘 나는 야구를 했지만 내년에는 부산에 있는 UN묘지에 가보고 싶다. 요즘 세대가 현충일의 중요성을 모르고 얕보는 것 같아서 현충일의 중요성을 더 알리고 싶다.

•
다이노스 어린이야구 클럽에서 배팅코치의 지도를 받는 재윤이

2018년 6월 9일(토) 덥고 자외선이 강한 날

제목

2점 홈런

오늘은 다이노스 야구단에 가는 날이다. 훈련도 하고 미니게임도 한 후 A, B반이 함께 야구를 했다. 유목다이노스의 전설인 현우가 홈런을 치자 아이들이 현우의 배트로 타격을 했다. 나도 현우 배트를 들면 홈런을 칠 것 같아서 현우의 배트로 타격을 했는데 깡 소리가 나며 중견수인 아빠의 키를 넘기며 2점짜리 홈런이 터졌다. 난 2점짜리 홈런을 치는 순간 세상을 다 가진 듯이 기뻤다. 예상하지 못한 홈런이 나오니 9회 말에 역전 홈런을 친 선수가 된 것 같았다. 그 순간 나는 나성범 선수가 부럽지 않았다. 현우의 배트는 요술 배트 같다.

2018년 6월 13일(수) 흐린 날

제목

지방선거일

오늘은 지방선거일이라 학교, 회사 모두 쉬는 날이다. 엄마와 아빠는 투표를 하러 가셨다. 아빠와 엄마는 누구를 뽑을 건지 나에게 알려주지 않으셨다. 나는 이것이 꼭 007비밀작전 같다는 생각이 들었다. 어떤 교육감 후보의 '아이가 먼저다.'라고 적혀 있는 현수막을 보니 내가 봉사위원 선거에 나갈 때가 생각이 났다. 투표는 민주주의로 나아가는 길 중에 하나인데 투표를 하지 않는 사람들은 국민으로서 해야 할 의무를 다하지 않는 것이다. 국민의 의무를 다한 중요한 날인데 나는 영어와 가베 수업을 갔다. 따지고 보면 학교처럼 학원도 쉬어야 한다고 생각한다.

2018년 6월 17일(일) 날씨 좋은 날

|

제목

야구 보러 간 날

오늘은 37살 먹은 우리 엄마가 야구를 2번째로 보러 가는 날이다. 얼마 전에 야구장에 갔을 때는 엄마가 아빠에게 "이게 뭐에요?"라고 말해서 아빠가 정말 귀찮았을 것 같다. 하지만 오늘은 언제 그랬냐는 듯이 응원을 따라하며 촌티를 내지 않았다. 오늘 앉은 자리는 내가 좋아하는 나성범 선수가 잘 보여서 앉아서 볼 만했다. 파울볼을 잡으려는 사람들이 좀비 같았다. 내 쪽으로 파울볼이 오면 나도 공을 잡으려고 달려들 것 같다. 오늘 NC가 패배를 했지만 정규시즌은 아직 많이 남아 있으니 여전히 기회는 많다.

2018년 6월 21일(목) 한여름처럼 더운 날

제목

월드컵

2018년 월드컵은 러시아에서 열린다. 월드컵은 4년에 한 번 열리는 축구시합이다. 우리나라는 18일에 스웨덴과 시합을 했다. 스웨덴 선수가 우리 골대에 가까이 올 때마다 심장이 쫄깃쫄깃했다. 우리나가 골키퍼가 수비를 잘했는데도 불구하고 패널티 킥을 차서 한 점을 내주었다. 그래도 아직 후반전이 남아 있으니 포기는 이르다고 생각했는데 마지막에 1 대 0으로 패배했다. 우리나라 선수들이 기량을 다 펼치지 못한 것 같아서 9회 말에 다 이긴 경기를 우천취소로 승리를 놓친 야구팀 같이 기분이 좋지 않았다. 엄마 아빠 말로는 2002년도 월드컵이 최고였다고 한다. 나도 그 시기에 태어나 월드컵 경기를 봤어야 했는데 안타까울 뿐이다. 남은 경기는 우리나라가 잘해서 16강 진출을 했으면 좋겠다.

2018년 6월 23일(토) 낮에는 덥고 밤에는 쌀랑한 날

제목

유목다이노스 대 장유다이노스

오늘은 내가 다이노스에 입단한 후 첫 경기를 하는 날이다. 경기는 10시 30분에 시작하기 때문에 새벽같이 일어나 아빠 엄마를 깨웠다. 나는 7번 타자에 3루수를 맡았다. 처음에 내가 3루수를 맡았다는 것을 알게 되자 부담감이 들었다. 하지만 경기가 시작되니 긴장감 때문에 오줌이 나오려고 했다. 수비를 할 때는 온몸이 후들후들 떨렸다. 하지만 타석에 섰을 때는 자신감이 넘쳤다. 나는 현명한 판단으로 수비도 잘했고 타석에선 4타수 4안타 4타점으로 우리 팀 최다 안타를 기록하며 32대 30으로 우리 팀이 창단 첫 승을 거두었다. 내가 우리 팀에 들어와서 첫 승을 거둔 것 같아서 내가 자랑스러웠다.

2018년 6월 28일(목) 비가 왔다 말았다 한 날

제목

가족

첫 번째로 소개할 사람은 우리 아빠이다. 우리 아빠는 아들 바보이다. 아빠는 늦게 오셔도 야구연습을 해주시고 우리가 조금만 불쌍한 표정으로 부탁하면 다 들어주신다. 우리 아빠는 엄마 바보이다. 엄마가 돼지국밥을 먹고 싶다고 하면 돼지국밥을 먹으러 간다.

두 번째로 소개할 사람은 우리 엄마이다. 우리 엄마는 어딜 가든 사진을 찍는다. 엄마 말로는 사진이 남는 거라고 하셨다. 나는 아직 사진이 남는다는 것의 의미를 잘 모르겠다.

세 번째로 소개할 사람은 동생이다. 내 동생은 집에서 김웨이중이라고 불린다. 우리 동생의 장래 희망은 프로야구 투수라고 하는데 동생에겐 디자이너가 더 어울리는 직업 같다. 동생이 없다면 나는 좀 심심할 것 같다. 내 말을 더 잘 들으면 좋겠다. 우리 가족은 각각의 특징과 성격을 갖고 있는 것 같다.

2018년 6월 30일(토) 비가 많이 내린 날

제목

장어 먹으러 간 날

오랜만에 장어가 먹고 싶어서 장어를 먹으러 가자고 했다. 가포에 있는 옛날 영도집이라는 곳인데 그 집 장어는 쌈무에 싸서 먹으면 간이 적당하면서 입에 넣었을 때 장어의 고소한 맛이 내 혀를 감싸며 꿈에 나올 법한 환상적인 맛이다. 개그콘서트에서 봤는데 장어는 남자한테 좋다고 했다. 그래서 그런지 장어를 먹고 나니 내 몸이 튼튼해진 것 같았다. 내 동생은 장어는 먹지 않고 장어뼈튀김만 먹었는데 그 맛있는 장어구이를 먹지 않는 게 이해가 가지 않는다. 거기에 가면 골든리트리버인 토르도 있고 NC다이노스 야구선수들의 싸인볼도 볼 수 있어서 눈도 즐겁고 입도 즐거운 곳이다.

2018년 7월 5일(목) 비오고 후덥지근한 날

제목

상점 벌점

나는 상점 14개와 벌점 3개를 가지고 있다. 선생님께서 벌점이 10개 이상 되는 친구들은 남아서 반성의 시간을 가진다고 하셨다. 그래서 나는 되도록 조심해서 행동하려고 하지만 그게 안 돼서 벌점 3개를 받았다. 나는 상점을 일기를 써서 많이 받았는데 상점을 받을 때 선생님 앞에 서면 떨리면서 선생님께 인정받는다는 생각이 든다. 개똥을 피하는 것처럼 벌점은 피하고 고된 노동 끝에 월급을 받는 사람처럼 상점을 받기 위해 노력해야겠다.

2018년 7월 8일(일) 쌀쌀한 날

제목

개그콘서트

매주 일요일마다 하는 개그콘서트 보는 것을 나는 좋아한다. 개그맨들이 하는 말과 행동이 너무 재밌어서이다. 개그콘서트를 보고 있으면 개그맨들이 아이디어를 짜내는 것이 대단하고 몸 고생, 마음고생을 많이 하는 것 같다. 내가 제일 좋아하는 코너는 투잡공화국이라는 코너이다. 평범한 일상생활을 소재로 하면서 어떻게 그렇게 웃길 수 있는지 모르겠다. 나도 친구들을 웃겨주고 싶지만 개그맨이 되긴 싫다. 어쨌든 사람들을 웃겨주는 것은 행복을 만들어주는 좋은 일인 것 같다.

할머니와 함께 카페에서

2018년 7월 11일(수) 놀지 못할 만큼 더운 날

제목

점심시간

점심시간은 나에게 사막에서 찾은 오아시스 같은 존재이다. 사실 나는 학교에 가자마자 점심기간이 오기를 기다린다. 마치 먹이를 물어오는 어미 새를 기다리는 아기 새처럼 간절히 기다린다. 점심시간에 급식을 쏜살같이 먹고 운동장으로 뛰어간다. 나는 점심시간에 축구를 하는 것이 제일 재미있다. 정신없이 놀다보면 예비종이 울리는데 점심시간이 너무 빨리 가는 것 같아서 점심시간을 더 늘리면 좋겠다는 생각을 한다.

2018년 7월 15일(일) 아프리카 같이 더운 날

제목

할머니 집에 간 날

오랜만에 부산에 있는 할머니 댁에 갔다. 오랜만에 가는 할머니 댁이라 기분이 좋았다. 왜냐하면 먹을 것이 많기 때문이다. 내가 좋아하는 음료수, 과자, 요거트 등이 있기 때문이다. 그래서 나는 할머니 댁에 들어가자마자 냉장고 문부터 연다. 할머니의 냉장고는 물고기의 알집처럼 꽉 차 있다. 음식을 마음껏 먹고 나서는 1, 2층을 마음껏 뛰며 자유롭게 논다. 그리고 할머니 댁은 오래되고 신기한 물건들이 많아서 꼭 보물섬에 온 것 같이 느껴진다. 할아버지는 우리가 있어도 말씀은 잘 안 하시지만 우리가 가면 기뻐하신다. 내가 할머니 댁에 가면 캠핑을 간 것처럼 기쁘다.

2018년 7월 19일(목) 놀 수 없을 만큼 더운 날

제목

여름방학

여름방학은 한 학년 중에서 내가 제일 기다리는 시기이다. 왜냐하면 여름은 덥기 때문에 물총놀이도 할 수 있고, 워터파크나 수영장에도 갈 수 있기 때문이다. 내가 여름방학에 하고 싶은 것은 워터파크 가기다. 이번 여름방학은 폭염 때문에 놀기는커녕 집에서 에어컨 바람을 쐬며 지내는 것이 나을지도 모른다. 이 덥고 더운 폭염이 9월 후반까지 계속된다고 들었다. 그래서 내 여름방학이 가루가 될 것 같다. 그래도 희망을 잃지 않고 더 열심히 뛰어놀 것이다. 나도 여름방학 때 학원을 다 빼먹고 공기 깨끗한 곳에서 자유롭게 뛰어놀며 보내고 싶다.

2018년 7월 27일(금) 더운 날

제목

동생의 합동 생일파티

동생 생일은 원래 8월 23일인데 오늘 동생 친구들과 같이 합동 생일파티를 했다. 생일파티이기 때문에 기대는 됐지만 막상 가보니 재미있지는 않았다. 왜냐하면 다 동생들이었기 때문이다. 하지만 아줌마들이랑 수다를 떠는 것보단 뛰어노는 것이 나을 것 같아서 동생들과 놀았다. 롯데백화점에 있는 플레이타임인데 어릴 때는 재밌었지만 3학년이 되어서 가니 어릴 때만큼 재미있지는 않았다. 난 내가 많이 컸다고 생각하기 때문이다. 아무튼 동생이 생일선물을 많이 받아서 좋아했고 생애 첫 생일파티라서 행복했을 것 같다.

2018년 7월 30일(월) 역시 더운 날

|

제목

수영 배우러 간 날

3월에 그만둔 수영을 방학 특강으로 배우러 갔다. 오랜만에 나를 본 선생님들은 내가 살이 많이 빠졌다며 엄마가 굶기냐고 하셨다. 오랜만에 수영을 하니 내가 가장 자신 있는 자유형이 가장 쉬웠다. 방학이라 수영을 하러 오는 아이들이 많았고 모르는 선생님들이 많아졌다. 이번 방학 때는 접영을 완전히 배워서 모든 수영을 완전히 할 수 있게 되고 싶다. 엄마가 방학 특강을 배우라고 할 때는 싫었지만 막상 가보니 재밌었다. 엄마가 수영을 하면 어깨가 넓어져서 멋있는 남자가 된다고 하셨다. 나는 내가 수영을 잘한다고 생각하는데, 더 많은 연습을 해야겠다.

2018년 8월 5일(일) 더운 날

|

제목

냉면

요즘 내가 제일 좋아하는 음식은 냉면이다. 왜냐하면 국물의 시원함과 면발의 쫄깃쫄깃한 맛이 어우러져 만들어내는 맛이 최고이기 때문이다. 막국수, 메밀국수도 있지만 그래도 냉면이 제일 맛있다. 면을 입에 넣으면 입안이 차가워지며 몸이 시원해진다. 냉면 안에 들어 있는 계란은 아껴 놓았다가 마지막에 먹는다. 왜냐하면 냉면을 먹을 때는 냉면의 맛에 집중해야 하고 계란을 먹을 때는 계란의 맛에 집중해야 하기 때문이다. 여름에는 맨날 냉면을 먹으라고 해도 먹을 수 있겠다.

2018년 8월 15일(수) 더운 날

제목

메밀파티 간 날

수영을 마치고 점심을 먹으러 메밀파티에 갔다. 아빠가 그곳의 음식이 맛있다고 하시며 데려가 주셨다. 그곳에서 불고기를 시켰는데 불고기 맛이 고기의 육즙과 양념의 맛이 어우러져 환상적이었다. 고기를 잘 안 먹는 내 동생도 맛있었는지 나와 젓가락 싸움을 하며 고기를 먹었다. 결국 불고기 3인분을 더 시켜서 아빠 지갑에서 돈이 빠져나가는 소리가 들렸다. 그래도 돈 아깝다는 생각이 들지 않았다.

2018년 8월 19일(일) 약간 시원한 날씨

|

제목

증조할아버지, 증조할머니 제사

제사를 지내기 위해 밤을 새우며 기다렸다. 왜냐하면 제사상에 있는 수박을 먹고 싶었기 때문이다. 제사상 위에는 맛있는 것들이 많이 있어서 제사 지내는 내내 군침이 돌았다. 이번에는 동생도 자지 않고 처음으로 술잔을 돌렸다. 제삿날은 평소에 먹기 힘든 음식이 있어서 좋고 친척 어른들도 뵐 수 있어서 좋다. 해물 산적이 너무 맛있었는데 다시 먹으려면 추석까지 기다려야 한다고 했다. 제사가 자주 있었으면 좋겠지만 엄마와 할머니가 너무 힘드실 것 같다.

2018년 8월 22일(월) 더운 날

제목

나의 입맛

나의 입맛은 매우 까다롭다. 그래서 나는 음식평가를 잘한다. 나는 물회, 회, 스테이크, 치킨. 피자, 감자튀김, 파스타 등을 제일 좋아하고 제일 싫어하는 음식은 찐 양배추, 데친 브로콜리, 깻잎 등이다. 찐 양배추를 입에 넣으면 상상도 하기 싫을 만큼 양배추 액이 내 혀를 괴롭힌다. 엄마는 양배추가 몸에 좋다고 하시지만 먹으려고 노력해도 먹기 어렵다. 나는 맛있는 것을 먹을 때가 가장 행복해서 방학 동안 엄마에게 "점심 메뉴가 뭐예요?" "저녁 메뉴가 뭐예요?"라고 자꾸 물어서 엄마가 힘들어 하신다.

2018년 9월 5일(수) 아침, 저녁 서늘한 날

제목

티눈 뺀 날

내 발바닥에 티눈이 생겨서 발바닥을 창으로 찌르듯이 괴롭혔다. 그래서 오늘 엄마와 외과에 갔다. 의사 선생님은 발에 마취주사를 맞고 레이저로 빼든가, 약국에서 파는 약을 발라서 천천히 없애는 방법이 있는데 나에게 선택을 하라고 하셨다. 그 순간 내 머릿속에는 한 번 아플 것인가 조금씩 오래 아프며 티눈을 뺄 것인가를 생각하며 5초의 생각 끝에 한 번 세게 아프고 말기로 결정했다. 발바닥에 마취주사를 맞는 순간 내 머리에 빛이 번쩍하며 엄마를 부르며 울부짖었다. 끝나고 나니 내가 소리를 지른 것이 부끄러웠다. 마취주사는 많이 아팠지만 한 번에 뺀 게 현명한 선택이라 생각한다.

•
홈런을 친 재윤이의 표정. "나 어때요?"

2018년 9월 8일(토) 쌀쌀한 날

제목

야구 보러 간 날

오늘은 역사에 남을 일이 있었다. 그건 일기 마지막 부분에서 밝혀진다. 롯데와 NC의 경기를 보러 마산야구장에 갔다. 오랜만에 야구를 보러 가는 거라 설레었다. 롯데와의 경기라 사람들이 많았는데 나는 NC가 이기길 기원했다. 결국 7대 3으로 NC가 이겼다. 월요일 날 학교에 가서 진욱이에게 "와 NC 이건 거 봤냐?" 라고 말할 것이다. 이제 역사에 남을 일을 공개해야겠다. 롯데 팬 아저씨들이 엄마를 치어리더로 착각하고 밥 한 끼 사준다며 "NC 파이팅!"이라고 외쳤다. 그때 아빠가 와서 엄마는 치어리더가 아니라고 했더니 그 아저씨가 치어리더인 줄 알았다고 NC팬으로 갈아탄다고 했다. 나는 이 상황을 '세상에 이런 일이'에 제보해야 한다고 생각했다. 다른 사람들은 엄마가 예쁘다고 생각하는데 나는 엄마가 예쁜지 잘 모르겠다.

할아버지와 나란히

2018년 9월 20일 (목) 일교차 심한 날

제목

과목에 대하여

나는 사회, 과학, 영어가 가장 자신 있는 과목이다. 특히 수학은 내가 좀 싫어하는 과목이다. 어른들은 수학을 잘해야 한다고 하는데 나는 수학 실력이 좀 별로다. 국어는 좀 보통인 것 같다. 나는 수학 문제를 풀 때 머릿속에 숫자가 왔다 갔다 할 때도 있지만 가끔 숫자가 떨어질 때도 있다. 그럴 땐 머릿속이 복잡해져서 뇌를 식히고 싶다. 사회를 할 때는 머릿속이 차분해진다. 왜냐하면 내가 가장 자신 있고 잘하는 과목이기 때문이다. 과학을 할 때는 머릿속에 호기심이 가득해진다. 영어를 할 때는 머릿속에 알파벳이 득실득실하다. 나도 전 과목을 다 잘하고 싶다. 그러기 위해 노력을 열심히 해야겠다.

•
할아버지, 아버지와 함께 시민 마라톤대회에서 완주를 기약하며

2018년 9월 25일 (화) 많이 쌀쌀한 날

제목

성묘

오늘은 성묘를 하러 갔다. 1년 만에 가는 성묘라 산소가 어떻게 변해 있을지 궁금했다. 첫 번째로 간 산소는 왕고조 할머니의 산소이다. 두 번째로 간 산소에서는 새끼 고라니를 보았는데 무언가에 쫓기는 것 같이 빨리 달려갔다. 태어나서 처음 보는 고라니라 무척 신기했다. 세 번째로 간 산소는 증조할아버지, 증조할머니 산소였다. 그곳에서는 술도 뿌리고 절도 했는데 보람을 느꼈다. 여기저기 다녀서 힘은 들었지만 할아버지를 따라 다니니 나도 나중에 할아버지가 되어서 손자를 데리고 그렇게 할 날이 올 거라고 생각한다. 갑자기 이런 생각을 하니 기분이 묘해졌다.

2018년 9월 3일(일) 야구하기 좋은 날

|

제목

미미쿠키 대사건

코스트코 쿠키를 유기농 수제 쿠키로 속여서 판 일이 있었다. 사람들은 유기농 수제 쿠키인 줄 알고 비싼 돈을 내고 사먹었는데 아토피가 있는 아이들은 아토피가 더 심해졌다. 다행히 나는 미미쿠키를 사먹지 않았다. 많은 사람들이 미미쿠키를 먹고 피해를 입어서 뉴스 기사에 난리가 났다. 나는 그런 식으로 사기를 쳐서 돈을 버는 사람들은 양심이 없어도 너무 없다고 생각한다. 사업에서는 신뢰, 정직만이 중요한데 그 사람은 정직과 신뢰는 빼고 사기를 끼워 넣은 것이다. 이 미미쿠키 사건처럼 이런 식으로 사기를 쳐 돈을 버는 사람들도 언젠간 들켜 처벌받고, 벌금을 물게 될 것이다.

2018년 10월 13일(토) 화창한 날

제목

마린베이 간 날

엄마가 주말마다 야구만 하니 마산 만에 위치한 마린베이라는 카페에 가보자고 하셨다. 약 40분정도 걸려 도착한 마린베이에서 아이스크림 2개와 바닐라라떼, 아메리카노를 주문했다. 나는 아이스크림을 숟가락으로 떠서 입에 넣는 순간 터키 아이스크림처럼 쫀득쫀득한 맛과 많이 달지 않은 아이스크림 맛에 푹 빠져서 아이스크림 2개에 레몬에이드를 1잔 더 주문했다. 레몬에이드는 수제라서 7,000원이나 하는데 맛은 끝내준다. 해가 질 때쯤 바닷가를 바라보면 석양이 너무 아름다워서 하와이에 갔을 때 본 바다가 생각났다. 마린베이에 가려면 해가 지는 시간에 가는 것을 추천한다.

2018년 10월 14일(금) 미세먼지 없는 날

|

제목

혈액형에 대하여

나는 AB형이다. 우리나라에는 A형이 34%이고 B형이 27%, O형이 28%, AB형이 11%이다. 전 세계적으로 O형이 가장 많고 AB형이 가장 적다. RA형도 있지만 생략해야겠다. A형은 소심하고, 사려 깊고, 내성적이고, 주의 깊고, 깊이 감동하고, 타인과 경쟁하지 않는다. 자신을 희생한다는 것이 일반적인 성격이고 B형은 선뜻 행동하고, 뒤끝이 없고, 쾌활하고 수다스럽다. 자극에 민감하고, 사람과 쉽게 사귀고 눈치가 빠른 것이 일반적인 성격이다. AB형은 내면은 A형의 일반적인 성격을, 외면은 B형의 일반적인 성격을 갖는다. 나는 AB형이기 때문에 A형의 특색과 B형의 특색이 섞여 내가 A형인지 B형인지 헷갈릴 정도다. 나는 이 일기를 쓰면서 혈액형의 세계가 이렇게 복잡할 줄 몰랐다.

2018년 10월 20일(토) 쌀쌀한 날

제목

사회인 야구 개막식

오늘은 사회인 야구 개막식에 갔다. 사회인 야구 개막식은 마산야구장에서 하는데 심지어 야구선수 가족은 그라운드에 들어갈 수 있다. 그래서 나와 내 동생은 속구 대결을 했는데 내 동생이 저학년 부분에서 우승을 해서 4KG이나 되는 쌀을 받았다. 나는 경품 추천에서 당첨됐는데 상품이 야구 헬멧이었다. 나는 내 손이 금손 같았다. 그리고 나는 마운드에서 공도 던져봤는데 내가 마운드에 올라갈 때 9회 말에 나오는 마무리 투수가 된 것 같았다. 나는 생애 처음으로 마운드에 서보고 덕아웃에도 들어가 보니 아빠 덕분에 좋은 경험을 한 것 같았다. 내 친구들 중에 나처럼 이런 좋은 경험을 한 애들은 없는 것 같다. 나는 다음에도 기회가 되면 거절하지 않고 받아들여야겠다.

머리를 파마하고 있는 동생 재윤이

2018년 10월 25일(목) 가을 같이 쌀쌀한 날

제목

학예회

오늘은 기다리고 기다리던 학예회 날이다. 전통무용인 꼭두각시를 하는 내 동생은 꼭두각시가 하기 싫다며 학교를 가지 않겠다고 떼를 썼었는데 발을 까딱거리며 싱글벙글 웃으면서 탭댄스를 추듯 신나보였다. 나는 강남스타일을 했는데 내 차례가 되자 채점된 수학 시험지를 선생님께서 나눠주실 때처럼 심장이 두근거렸다. 내가 춤을 출 때는 실수하지 않기 위해 달걀을 깰 때처럼 조심스럽게 췄다. 나는 내 무대가 끝나고 무대에서 내려올 때 내 손에 식은땀이 줄줄 흘렀다. 나는 엄마가 사탕 꽃다발을 주는 것을 기대했지만 엄마가 사탕 꽃다발을 주지 않아서 실망했다. 내년에는 주기를 바란다.

찰스부르크 모짜르트 유원지에서

2018년 10월 27일(토) 쌀쌀한 날

제목

주니어다이노스 경기

나는 5번 타자에 3루수로 선발 출전했다. 나는 1, 3루의 주자가 있는 찬스에서 나의 첫 타석이 빼까번쩍하길 바라며 타석에 들어섰다. 나는 스윙을 했다. 그 순간 '까앙' 하는 소리와 함께 원바운드로 공이 우익수의 키를 넘는 것을 보자마자 나는 사냥감을 포착한 치타처럼 전력 질주를 해 3루까지 달리자 외야수의 송구가 빗나가 홈까지 달렸다. 내가 홈베이스를 밟을 때 끝내기 만루 홈런을 친 타자처럼 나 자신이 자랑스러웠다. 두 번째 타석에서는 내가 뜬공을 쳤다. 뜬공 친 것은 싫으니 생략한다. 그리고 마지막 수비에서 2루수를 했는데 땅볼 처리는 내가 생각해도 멋졌다. 그리고 팔을 최대한 길게 뻗어 1루에서 2루로 오는 주자를 태그 시킨 것이 다 엄마에게서 물려받은 유전 때문이라고 생각한다. 결국 안남다이노스 대 유목다이노스는 30대 26으로 유목의 승리가 됐다.

2018년 11월 4일(일) 날 좋은 날

제목

야구용품 잔칫날

오늘은 야용사에 갔다. 나는 야구화, 글러브를 사러 갔다. 야용사에 들어가자마자 나와 내 동생은 사냥감을 포착한 하이에나처럼 달려갔다. 그때 내가 반한 글러브는 빨간색에 노란 끈이 달린 화려한 글러브였다. 첫눈에 반해 그 글러브를 사지 않으면 병이 날 것 같았다. 당장 오늘 가져가고 싶었지만 길을 들여야 해서 일주일은 기다려야 한다. 나에게 일주일은 총알처럼 빨리 지나갔지만 이번 주는 거북이처럼 늦게 흘러갈 것 같다. 내 야구화도 샀는데 새 글러브만큼이나 마음에 들었다. 빨리 새 글러브와 새 야구화를 신고 나성범처럼 야구를 하고 싶다.

2018년 11월 10일(토) 야구하기 좋은 날

|

제목

안남다이노스 대 유목다이노스

오늘은 기다리고 기다리던 안남다이노스와의 2차전 경기가 있는 날이다. 나는 중견수에 2번타자로 출전했다. 나는 포지션이 바뀌어서 자존심이 상해 전날 많이 울었다. 하지만 이왕 이렇게 된 거 이 포지션에서도 최선을 다해야겠다고 나 자신과 약속을 했다. 경기가 시작되고 우리 팀 아이들이 집중을 잘해준 덕분에 39대 17로 우리 팀이 대승을 거두었다. 그리고 창단 첫 2연승과 최다득점을 기록했다. 그래서 이때까지 연습해 온 보람을 느꼈다. 그리고 이 날만은 우리 팀 아이들도 코치님도 학부모님들도 싱글벙글 얼굴에 웃음꽃이 폈다.

2019년 1월 1일(화) 맑음

|

제목

Happy new year

오늘은 새해다. 모든 인류가 나이를 먹는 날이다. 그리고 우리 엄마의 노화시작 부품이 38개가 된다. 드디어 나는 4학년이 된다. 우리 아빠는 올해 내가 7살인 줄 알았다며 웃으며 말씀하셨다. 암튼 아빠가 새해 계획을 짜보라고 하셨다. 나는 새해 계획을 건강하게 살기로 정했다. 내가 뉴스에서 봤는데 새해 소망 1위는 다이어트였다. 나도 그것을 목표로 두어야겠다. 그리고 나는 올해 행복만 있길 빈다. 마미손 고무장갑에 나와 있는 것처럼 2019년 계획대로 되길 빈다. 그리고 떡국은 필수!!

•
보드 스케이팅

2019년 1월 12일 (토) 맑은 날

제목

처음으로 주말에 친구들과 논 날

베이스볼 클럽을 마치고 할 것이 없어서 심심했는데 마침 타이밍이 기가 막히게 지웅이가 놀자고 전화가 왔다. 그래서 난 당장 잠바와 돈을 들고 뛰어나갔다. 주말에 친구들과 처음으로 노는 거라 집에서 나갈 때 소개팅 1분 직전인 사람마냥 설렜다. 나는 친구들이랑 운동장에 가서 축구를 했다. 지웅이와 나는 한 팀이 되었고 결국 우리 팀이 승리했다. 그리고 우리는 또와분식에서 피카츄 돈까스와 감자튀김을 사먹었다. 말로만 듣던 파카츄 돈까스를 직접 먹어보니 입에서 육즙이 어우러져 환상의 맛이 났다. 앞으로 그 분식점에 자주 가야겠다.

•

하와이 쥬라기 촬영장 공원에서

강민이 4학년 때 쓴 일기들

2019년 3월 5일 (화) 중국이 미세먼지를 뿌린 날

제목

담임 선생님께 나를 소개합니다.

나는 어릴 때부터 운동에 관심이 많았다. 그래서 어릴 때 아빠 회사 잔디밭에서 많이 뛰어놀았다. 지금은 야구선수가 되고 싶다. 왜냐하면 8살에 공을 쳐보고 흥미를 느꼈기 때문이다. 그래서 10살 때부터 주니어 다이노스 야구부에서 에이스로 활약했다. 내가 태어난 날짜는 2009년 7월 4일이다. 무더운 여름에 태어났다. 그래서 추위를 매우 싫어하나 보다. 3학년 때는 일기를 잘 써서 선생님이 드라마 기다리듯 내 일기를 기다렸다고 하셨다. 내가 제일 좋아하는 음식은 고기이다. 나는 밥 먹을 때 고기가 없으면 섭섭하다.

라움

2019년 3월 19일(화) 날씨가 따뜻 따뜻

제목

내가 엄마, 아빠라면

내가 엄마, 아빠라면 첫 번째로 운동을 열심히 시킬 것이다. 왜냐하면 모든 것을 하려면 몸이 기본이기 때문이다. 그리고 건강을 중요하게 여긴다(개인적으로). 또 주말마다 놀러가서 색다른 추억을 아이들에게 하게 할 것이다. 왜냐하면 그것이 아이들의 꿈과 희망을 만들어내 창의적인 생각을 할 수 있게 만들어주기 때문이다. 그리고 내가 좋아하는 스테이크를 일주일에 한 번씩 사주는 엄마 아빠가 될 것이다. 또, 아이들이 키가 많이 클 수 있도록 우유를 아주 많이 사놓을 것이다.

2019년 3월 21일(목) 핫팩 붙인 것 같은 날

제목

지금 내 짝지를 소개합니다.

내 짝지 정원이는 책 읽는 것을 좋아하고 시끄러운 편이 아니라 좋다. 그리고 공부도 잘하는 편이라 좋고 되게 내 말을 잘 들어주는 편에다 착하다. 안 좋은 점은 알림장 쓸 때, 수익이나 수학, 실험관찰 책을 할 때 멍 때리다가 "어디 해야 돼?"라고 묻는다. 나는 그런 것을 싫어하지만 그냥 있는다. 왜냐하면 다른 점이 매우 좋기 때문이다.

CAN

2019년 3월 25일(월) 미세먼지야 물러가라!

제목

인생

인생이란
슬플 때도 있고
행복할 때도 있다.

인생 중에 구사일생할 뻔한
순간도 있고,
안전한 순간도 있다.

때론 행복, 위험, 슬픔, 신나는
순간이 있는 것이
"인생"이다.

제목

오지네

너 어제 복도에서 뛰어서
걸린 거 어떻게 됐어?
안 혼났어.
진짜?

응. 죽도록 뛰어서 살았어.
와…진짜
오지네.

너 저번에도 걸리고 또 걸렸는데
다 살았어?
응. 진짜 오지다.

2019년 4월 4일(목) 화창한 봄 날씨

제목

나를 기쁘게 하는 순간 5가지

나를 기쁘게 하는 순간 5가지 중 첫 번째는 온가족이 모여 이야기 나눌 때이다. 왜냐하면 온가족이 모여 있으면 오붓하기 때문이다. 두 번째 순간은 내 생일이다. 왜냐하면 내가 가장 가지고 싶은 것을 살 수 있는 날이기 때문이다. 나는 1년 중에 생일을 가장 많이 기다린다. 심지어 생일을 기다리는 게 오줌 참듯이 어려워서 미리 선물을 받은 적도 있다. 세 번째 순간은 스테이크를 먹을 때이다. 내가 좋아하는 스테이크는 육즙이 많고 향신료가 잘 배어 있고 고기가 칠진 스테이크를 좋아하는데 그런 스테이크는 잘 없다. 호주에서 먹은 것, 아웃백에서 먹은 것 빼고는…. 네 번째 순간은 평일에 푹 잘 때이다. 왜냐하면 평일은 일어날 때마다 피곤하기 때문이다. 다섯 번째 순간은 방학일 때이다. 방학일 때는 학교도 안 가고 푹 잘 수 있어서이다. 초등학생이라면 누구나 공감할 것이다.

2019년 4월 9일(화) 나무 하나 날아갈 것 같은 날

|

제목

칭찬 대상 아빠

우리 아빠는 칭찬할 만한 이유가 아주 많다. 주말에 특별한 일 아니면 우리에게 시간을 써서 놀아주신다. 그리고 먹고 싶은 것이 있다고 하면 거의 다 사주시는 편이다. 꼭 이 세상에 우리밖에 없는 것처럼 말이다. 그리고 아빠는 밥을 먹다가도 엄마에게 사랑한다고 하고 갑자기 뽀뽀를 한다. 나는 그럴 때마다 당황스럽다. 아빠의 별명은 한 마디로 가족바보다. 나는 이런 아빠가 생일선물로 1억짜리 수표를 받은 것처럼 좋다.

2019년 5월 16일(목) 매우 후덥지근한 날

제목

어른들은 왜 글씨를 바르게 쓰라고 할까?

3학년 때 우리 반 담임 선생님은 글씨가 사람의 인격이라고 하셨다. 그런데 인격은 좋은데 글씨를 잘 못 쓰는 사람들도 많다. 글씨를 바르게 쓰고 안 쓰고는 그 사람의 마음일 수도 있다. 그런데 왜 어른들은 계속 글씨를 바르게 쓰라고 하시는지 모르겠다. 내 생각엔 글씨를 바르게 쓰면 보기 좋다는 것 때문인 것 같다.

2019년 5월 22일(수) 야구하기 딱 좋은 날

제목

내 말을 들어주는 로봇이 있다면

공부를 하다가 모르는 문제가 있으면 물어볼 수 있다. 그리고 야구경기 스코어를 물어볼 것이다. 그 외에 날씨, 영화표 예매, 인터넷 쇼핑 등 아주 많은 것을 시킬 것이다. 이런 로봇이 모든 사람마다 한 대씩 있다면 세상 살기 편해질 것이다. 진짜 그런 로봇에 나오면 좋겠다. 하지만 그렇게 되면 로봇이 인간의 일을 대신해 인간의 일자리를 줄어들 것이고 인간은 돈을 못 벌게 된다. 그럼 미래엔 인간의 일자리가 몇 가지 안 될 것이고 인류의 위기가 올 수도 있다. 그래서 AI를 만들 때는 AI가 생각을 할 수 없게 만들어야 한다. 아니면 영화처럼 로봇이 지구를 정복해 인류를 멸망하게 할 수도 있기 때문이다.

호주 멜버른에서 아빠의 무등을 타는 재윤이

2019년 6월 3일(월) 한여름 같이 더운 날

제목

어느 날 갑자기 동생이 사라진다면?

나는 동생과 자주 싸우고 다툰다. 싸울 때는 그 어느 누구보다 밉지만 통할 땐 누구보다 잘 통한다. 평소에 얄밉고 괴롭히는 동생이지만 매일 같이 노는 동생이 없으면 외로울 것 같다. 비록 어떨 땐 얄밉고 싫어도 정말 외로울 것 같다.

2019년 6월 8일(월) 계란이 익을 것 같은 날

|

제목

내가 한 가장 큰 거짓말은?

1학년 때 엄마가 빵을 사먹으라고 돈을 주신 것으로 감자튀김을 사먹었다. 그리고 집에 와서 빵을 사먹었다고 거짓말을 한 것이다. 감자튀김을 사먹을 때 근처에 엄마가 지나가다가 들킬까 봐 떨렸다. 잘 먹고 집에 와서 거짓말을 할 때는 환자를 수술할 때 의사처럼 말 한 마디가 조심스러웠다.

2019년 6월 20일(목) 계란이 익을 것 같은 날

제목

Q & A

Q : 어렸을 때 좋아하던 음식은?

A : 떡튀밥

Q : 어렸을 때 가장 좋아하던 물건은?

A : 자동차

Q : 어렸을 때 가장 잘 했던 것은?

A : 블록 높이 쌓기

나는 내가 기억했어야 하는 것인데 다 잊어버리고 있었다. 이런 숙제로 엄마께 여쭤보니 내 옛날 기억들이 떠오른다. 이렇게 옛날 생각을 해보니 옛날로 가고 싶다.

2019년 6월 27일(목) 습한 날

제목

내가 제일 좋아하는 음식은?

내가 제일 좋아하는 음식은 치킨이다. 더울 때도 추울 때도 사계절이 다 맛있기 때문이다. 후라이드파와 양념파 등 여러 파가 있는데 나는 후라이트파다. 후라이드는 한 입 쫙 뜯는 순간 바삭한 튀김과 고기가 입에 들어와 씹는 맛을 주고 육즙이 그 맛을 더 맛있게 해준다. 난 그런 치킨이 없으면 못 산다. 치킨을 만든 사람이 누군지 모르겠지만 아이디어는 정말 짱이다.

2019년 7월 1일(월) 조금씩 비온 날

제목

가장 기억에 남는 꿈은? 또는 꾸고 싶은 꿈은?

나는 13년 후의 도시 모습이 배경인 꿈을 꾸고 싶다. 왜냐하면 난 미래에 어떻게 되었고 내가 살던 동네는 어떻게 변해 있을지 궁금해서이다. 나는 미래를 보여주는 꿈을 가장 꿔보고 싶다. 또 미래를 알면 잘못된 선택으로 인해 불상사가 일어나는 것을 막을 수 있기 때문이다. 내 생각엔 미래엔 내가 살고 있는 이곳이 재개발이 될 것 같다. 나는 꿈을 꾼 기억을 금방 잊어버리는데 이런 꿈을 꾼다면 오래 기억할 것 같다.

•
찰스부르크 모짜르트 유원지에서

2019년 7월 15일(월) 더운 날

제목

요즘 내 마음은 어쩐지

걱정이 많다. 왜냐하면 일본에는 10년에서 15년 정도 뒤에 대지진이 일어나는데 그것이 일어나면 우리나라까지도 심각한 영향을 미칠 수 있기에 많은 걱정이 된다. 우리가 살고 있는 창원 근처, 부산 등의 지역에 엄청난 피해를 주기에 걱정이 되는 것이다. 나는 지진이 일어나지 않았으면 한다. 나는 내 인생을 빨리 마치고 싶지 않다.

•
할아버지를 감싸안고

2019년 7월 17일(수) 더운 날

제목

우산 만들기 한 후

어제와 오늘은 우산 만들기를 했다. 개인적으로 나는 이런 활동을 좋아한다. 나는 우산에 "수고했어. 늘 열심히 사는 모습이 보기 좋아^-^."라고 돼 있는 글귀를 선택했다. 이 글귀가 아주 마음에 든다. 게다가 예쁘게 써져서 더욱 더 좋다. 그리고 응원해주는 글귀라서 더 좋다. 난 이 글귀를 내일 재생종이 시간에도 써야겠다.

"기니 피그도 참 귀여운 동물이야, 그지?"

2019년 7월 24일(수) 더운 날

제목

막내가 생긴 날

엄마의 외숙모 집에 이구아나가 들어왔다. 동생은 이구아나를 키우고 싶다고 울었다. 하지만 아빠와 나는 반대해서 이마트에 기니피그를 사러 갔다. 이름은 토니 스타크의 토니로 지었다. 토니는 기니피그 중에서도 훈남이다. 토니가 사료봉지 소리를 들으면 '꾸잉꾸잉'이라고 울음소리를 내며 밥을 달라고 한다.

2019년 9월 5일(목) 더운 날

제목

요즘 내 고민은

내 고민은 고민이 없는 것이 고민이다. 우리 엄마가 고민이 너무 없어도 안 좋다고 하셨다. 그래서 생각했다. 내 고민은 일본이 올림픽 때 방사능 덩어리 쌀로 선수단에게 밥을 만들어 제공하는 것이다. 이것은 일본인들도 심했다고 생각할 것 같다.

2019년 9월 19일(목) 더움

제목

토니가 떠난 날

토니는 추석 연휴 중 토요일 아침에 갑자기 세상을 떠났다. 난 일기의 주제가 자유주제가 아니라서 빨리 적지 못했다. 한 달 반 동안 사랑과 정성으로 키운 아이였는데 떠나버려서 내가 태어나서 가장 슬펐다. 난 토니가 하루도 머릿속에서 떠나지 않는다. 난 이 일기를 쓰면서도 슬프다.

2019년 10월 14일(월) 햇볕이 쎈 날

|

제목

내가 정말 궁금한 것

내가 정말 궁금한 것은 주말이 왜 2일밖에 없느냐이다. 근로자들이 일하는 날은 5일인데 쉬는 날은 2일인 것이다. 평일을 4일로 줄이든지 주말을 1일 더 늘려야 한다. 왜 학생, 근로자, 노동자를 힘들게 하는 것인지 궁금하다. 주말을 1일 늘리면 소원이 없겠다. 진짜 내가 살아 숨 쉴 땐 그렇게 됐으면 한다.

2019년 11월 28일 (목) 추운 날

제목

내 캐릭터를 분석하고 나에게 편지 쓰기

안녕? 난 너야. 난 이번 주 리본체조를 할 때 무대에 올라가기 싫었어. 근데 막상 올라가보니 이왕 이렇게 된 거 즐기자는 마음으로 즐겼어. 하고 나니 재밌었고, 아마 나는 운명을 잘 받아들이는 성격인 것 같아. 넌 내년에는 너의 문제점을 잘 고치기 바라. 내년에도 잘 지내자.

•
세 살 무렵, 인형 탈을 얻고

호기심 대장

우리 강민이는 말이 빠른 편은 아니었다. 4살이 되던 3월에 처음 어린이집을 다니게 되었는데 선생님이나 친구들에게 "아빠 차 지하에 있다." 이 말을 제일 잘하는 아이였다. 미용실에 가든, 새로운 사람을 만나든 늘 "아빠 차는 지하에 있다."고 말했었다. 말이 늦는 편인가 해서 걱정도 했었지만 이런 내 생각은 기우였다.

강민이가 잠들기 전, 나는 늘 동화책을 대여섯 권씩 쌓아놓고 몇 번이고 읽어줬다. 호기심이 많았던 강민이는 질문이 너무나 많았다. 엄마 왜 밤엔 햇님이 없어요? 달님만 있어요? 달님은 혼자 있으면 외롭지 않아요? 이렇게 물었을 때 현실적이고 과학적인 대답을 해줘야 하나 싶다가도 아직 아기니 동화처럼 대답해 주고 싶은 생각에 햇님은 낮에 너무 일을 많이 해서 쉬러 갔다. 그래서 이제 달님이 나와서 일을 하는 거다, 달님은 별들과 같이 있어서 외롭지 않다고 말해줬던 기억이 난다.

그리고 자장가 몇 곡을 돌아가며 불러줬는데 섬마을 아기를 불러줬을 때도 몇 가지 질문을 했었다. 노래 속에 나오는 엄마는 왜 굴을 따러 갔으며 아기를 혼자 둬도 되냐고, 그 아기 엄마는 언제 집에 돌아오느냐고 물었었다. 그 질문에 내 생각을 대답해주면서 우리 강민이는 노래도 그냥 듣지 않는구나 하면서 대견해했었다. 이런 질문쟁이인 강민이가 유치원과 학교에 입학했을 때 질문이 많은 아이니 귀찮으시더라도 대답해주시길 부탁드린다고 했었다.

자동차 러버

강민이는 2살 정도부터 자동차를 너무 좋아했다. 마트에 가면 자동차 장난감을 사달라고 했었고 늘 주차장에서 차 구경하는 것을 좋아했다. 으레 여자아이가 인형을 좋아하는 것처럼 남자아이니까 자동차를 좋아하겠거니 생각했었다. 하지만 강민이는 자동차에 진심이었다. 24개월 즈음에 할아버지가 주신 BMW 책자를 보다가 I8 모델의 작은 모형 자동차를 보고 갖고 싶어 했다. 가격이 7,000원이어서 그 차를 혀 짧은 소리로 "칠천차, 칠천차." 하며 손가락으로 가리키는 것을 본 할아버지께서 BMW 매장에 부탁하여 그 칠천차를 사오셨다. 사진으로만 보던 칠천차를 갖게 된 강민이는 함박웃음을 지으며 좋아했고 늘 손에 가지고 다녔다. 그 칠천차는 조금 부서지긴 했어도 아직도 가지고 있다.

자동차를 좋아해서 그런지 지나가는 차를 보고 차 종류, 배기량까지 맞추고 특히 BMW는 앞이나 옆면을 보고도 무슨 시리즈에 무슨 모델인지도 맞추곤 했었다. 초등학교에 입학하고 교실로 들어가는 1층 입구

쪽엔 교직원 주차장이 있었는데 한 번은 학교에 데려다주고 멀리서 지켜보니 아니 이 녀석이 교실로 들어가지 않고 바로 주차장에 가서 자동차 구경을 하고 있는 것이었다. 몇 분을 지켜보다가 지각하겠다 싶어서 강민이를 불러 교실로 올려 보낸 적도 있었다. 이런 적이 한두 번이 아닌 것 같아서 매일 아침마다 주차장에 가지 말고 곧장 교실로 올라가라고 당부하곤 했었다.

강민이는 제 또래 아이들이 잘 사용하지 않는 수준 높은 단어들을 구사하고 이해하곤 했다. 학교 선생님들이나 학원 선생님들이 입 모아 말씀하신 부분이 수준 높은 어휘력이었다. 막힘없이 얘기하고 어찌나 맛깔나게 이야기를 잘하는지 가베 선생님은 강민이와 대화하면 너무 재미있다고 수업시간보다 20분 빨리 와서 선생님과 이야기하자고까지 하셨다.

우리 아이를 수업 시간보다 20분 빨리 보내달라고 하셔서 나는 강민이가 다른 아이들보다 못 하는 것이 있나 싶어서 선생님께 연락드렸더니 선생님은 깔깔 웃으시며 강민이가 너무 말을 재밌게 잘해서 수업 시작 전에 따로 얘기하고 싶어서 그랬다고 하시는 것이었다.

친구들 사이에선 유머러스함으로 인기가 많아 늘

주변에 친구들이 끊이지 않았으며 쉬는 시간마다 강민이 주변으로 친구들이 모인다고 하셨다. 3학년 때는 반 봉사위원 선거에 나가 최다 득표로 뽑히기도 하여서 엄마인 나까지 반대표를 맡게 만들었었다. 친구에게 미안한 일이 있을 때는 깔끔하게 인정하고 미안하다고 사과할 줄도 알고, 주말이면 친구들을 다 모아서 놀러 다니기도 하는 모습을 보면 벌써 이만큼이나 컸구나 싶은 생각이 든다.

애증의 관계

강민이 25개월이 좀 넘어서 동생이 태어났다. 조리원에 있을 때는 와서 잠깐씩 보다가 재윤이를 집에 데리고 오니 그때부터 전쟁의 서막이 시작되었다. 재윤이 침대에 자기가 들어가서 누워 있고 재윤이를 멀뚱한 눈빛으로 쳐다보기도 하고 순식간에 재윤이를 때리고 울고불고 떼를 썼다. 나는 매일 아침마다 강민이와 재윤이가 동시에 깨지 않기를 바라고 또 바랐다.

스트레스 때문인지 강민이는 잠에서 깨어날 때마다 울었고 재윤이는 배가 고파 울었다. 어떤 날은 셋이서 엉엉 울기도 했고, 너무나 힘든 나날들이었다. 어떻게 해야 하나 고민을 하고 육아 책이란 육아 책은 다 사다 읽고 강민이에게 더 집중하려고 애를 썼다. 재윤이가 자거나 다른 사람이 봐줄 땐 강민이와 계속 놀아주고 사랑한다는 표현도 더 많이 했다.

그랬더니 서서히 좋아지기 시작했다. 재윤이에게 장난감도 양보하고 아빠가 미국에 연수 갔을 땐 자기가 재윤이를 안고 우유까지 먹여주는 것이었다. 기분이 좋으면 껴안아주고 뽀뽀도 해줬다. 사춘기인 지금은 꿈도 못 꿀 일이다. 자기도 아직 어리고 아기인데 재윤이가 떼를 쓰고 나를 힘들게 하면 자기가 가서 재윤이를 달래서 내 말을 듣게 했다. 재윤이 공부를 가르치다가 내가 언성이 높아지면 강민이는 자기가 동생을 가르치겠다며 나서서 덧셈뺄셈 한글까지 가르치고 "엄마 이제 재윤이 잘해!" 하면서 형 노릇을 톡톡히 했었다.

지금도 재윤이가 한 번씩 말도 안 되는 억지를 부리거나 하면 달래고 타일러준다. 엄마인 내 입장에서 생각하고 설명까지 해주는 기특한 아들이다. 언젠가 재윤이가 동네 핸드폰 가게에서 아이폰을 보고 와서는 "엄마 아이폰을 11만 원에 살 수 있대. 진짜 그것만 내면 된대!" 하면서 얘길 하니 재윤이를 쳐다보곤 "쯧쯧, 너는 아직 세상을 몰라도 너무 모른다."라고 말하는데 너무 웃겨서 크게 웃은 적이 있다. 강민이 말대로 재윤이는 아직 세상을 너무 모르는 것이다.

재윤이가 친구들과 문제가 있을 때는 형으로서 조언까지 해준다. "니가 이런 식으로 하는 것은 잘못됐고 그럴 땐 이렇게 해야 친구관계가 나빠지지 않는다."고 말해준다. 재윤이가 어떤 친구와 크게 다툰 적이 있는데 강민이는 재윤이 친구 집까지 가서 그 아이의 얘기도 듣고 재윤이 얘기도 듣고 중립적인 입장에서 서로 잘못된 것을 사과시키고 중재를 나선 적도 있었다. 물론 강민이가 자기 친구들까지 다 데려가서 재윤이 친구가 겁을 먹었을 수도 있다. 하하하….

강민이는 우리 집안의 첫 손주, 첫 아이다. 그래서 온 집안 식구들의 사랑을 독차지하고 자랐다. 온 관심이 강민이에게 집중되었고 할아버지께선 "각하!"라고 부르실 만큼 각별한 사랑을 받았다. 그래서 그런지 강민이는 자존감이 높고 사회성이 좋다. 어디 가서 주눅들지 않고 자기 할 말은 분명하게 하는 아이다. 감정이 안정적이고 긍정적이며 자기 할 일은 어떻게 해서든 다 해낸다. 지금은 사춘기라 가끔 짜증을 낼 때도 있지만 자라는 과정이라 생각한다.

강민이는 연지동 할아버지 할머니 댁에 가면 신기한 옛날 물건들이 많다고 좋아했다. 이것저것 보다가 마음에 드는 것이 있으면 갈 때마다 달라고 해서 집에 가져오곤 했다. 자잘한 가재도구부터 자기 마음에 드는 것은 "할아버지 나 이거 갖고 가도 돼요?" "할머니 이거 주시면 안 돼요?" 하면서 말이다. 그러면 할아버지 할머니께선 가져가라고 주시곤 하셨는데 나중에는 계속 달라고 그러니 할머니께서 “나중엔 집 지붕까지 떼어 달라고 하겠다.”고 하시며 막 웃은 적도 있었다. 그러고 보니 지난 추석에도 할머니 천 가방을 가지고 와서 학원 갈 때 들고 다니는 것 같다. 한동안 안 가져오나 했더니…그게 아니었구나.

강민이는 요리와 고기에 진심이다. 진짜 진심이다. 라면도 나보다 잘 끓이고 스테이크도 정말 맛있게 잘 굽는다. 스파게티도 어찌나 맛있게 하는지 신기할 정도다. 언젠가부터 유튜브를 보고 이것저것 해보기 시작하더니 몇 가지는 정말 나보다 잘하게 되었다. 특히 스테이크는 겉은 구우면서 안은 미디움으로 육즙이 빠지지 않게 잘 굽는다. 굽기 전엔 핏물을 닦아내고 올리브유를 바르고 팬에 버터를 녹이고 불 온도를 조절해서 구운 후 레스팅할 시간을 줘야 한다며 기다렸다가 잘라서 접시에 담는데 플레이팅까지 완벽하다. 이번 내 생일에 친한 언니가 직접 만든 메이플 나무 도마를 선물했는데 그걸 보더니 자기가 더 좋아하는 것이었다. 안 그래도 나무도마가 필요했다며 나무도마에 스테이크를 플레이팅 해서 먹고 싶었다는 것이다. 어디서 본 건 있어 가지고….

강민이는 무뚝뚝하지만 마음은 따뜻한 아들이다. 카톡으로 사랑한다고 보내면 '응, 어' 이렇게 답이 온다. 가끔은 '나도 사랑해.'라고 보내주기도 한다. '엄마 예쁘냐?'고 물어도 '잘 모르겠다.'고 하거나 어떨 땐 대답도 하지 않는다. 내가 무슨 옷을 입어보고 어떤지 물으면 기분이 좋을 땐 "괜찮다, 어울린다."라고 대답하거나 귀찮을 땐 아예 모른다고 하기도 한다.

묻지도 않았을 때 자기가 보고 이상하면 "엄마 그 옷은 시골 할머니들이 시내 나갈 때 입는 옷 같아," "그 옷은 플로리다 해변에서 70년대에 입었던 스타일 같다."라든지, "꼭 그 옷을 입고 나가야 되냐?"고 "진짜 입을 거냐?"고 말한 적도 있다. 그래서 나는 무조건 예쁘다고 하는 재윤이의 말보다 냉정한 강민이의 의견을 더 수렴하는 편이긴 하다.

강민이를 생각하면 듬직하고 믿음직스럽고 마음에 의지가 된다. 지금까지 바르게 잘 자라고 있는 것만으로도 늘 감사하게 생각하고 있다. 커서 어떤 직업을 가지고 어떤 삶을 살아갈지는 아직 잘 모르겠지만 지금까지 해온 것처럼 자라준다면 멋진 남자로 자랄 것이라 믿는다.

좋아하는 일을 즐기면서 윤택한 삶을 사는 사람이 되었으면 하는 바람이다.

제 2장

차손 이야기

엄마의 바람

나는 둘째를 임신했을 때 누구보다 딸을 낳기를 원했다. 첫째 아이가 아들이니 둘째는 예쁜 딸이기를 원했던 것이다. 성별을 알기 전에 배를 만지며 '눈 크고 피부가 하얀 딸이어라, 딸이어라.' 이렇게 원했건만 임신 16주차에 병원에서 알려준 성별은 또 아들이었다. 처음에는 낙담이 컸지만 내 마음대로 되는 것이 아니기에 겸허히 받아들였다.

둘째를 낳고 보니 정말 눈이 크고 피부가 하얀 아이였다. 쳐다볼수록 신기해서 진짜 내가 낳은 아이가 맞나 하며 첫째 때와는 또 다른 애정으로 키웠다. 하지만 우리 둘째 재윤이는 아가 때부터 뭔가 남다르고 독특했다.

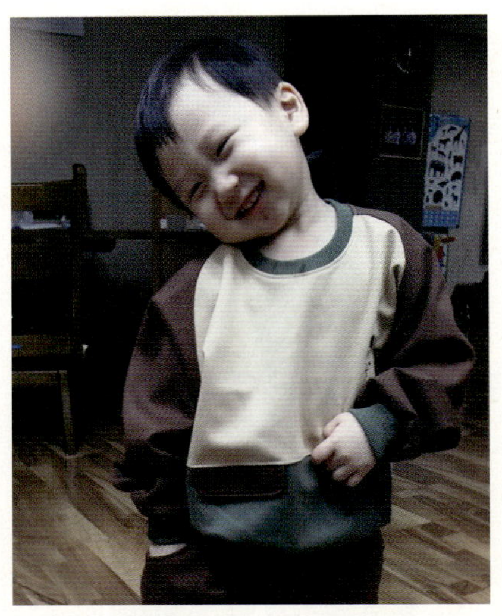

•
어린이집 원복은 입지 않고 형아가 다니는
유치원원복을 사서 입고 다님

에피소드1

바느질의 기억

재윤이는 3살 때부터(만 2세가 되기 전) 옷에 대한 자기의 고집이 굉장히 강했다. 입기 싫은 옷은 절대 입지 않았고 어린이집을 다닐 때 어린이집 원복은 입지 않고 형아가 다니는 유치원 원복을 사서 입고 다닐 정도였다. 유치원에 부탁해서 동복, 하복을 작은 사이즈로 구입해서 어린이집에 매일 입고 다녔다. 그리고 큰 사이즈의 바지를 절대 접어 입지 않았다. 행여나 바짓단을 밟고 넘어질까 싶어 바지를 접어주면 드러누워 울고불고 그런 난리도 없었다. 그래서 재윤이가 잠 들었을 때 모든 바지를 안쪽으로 접어 넣어 바느질을 했던 기억도 난다.

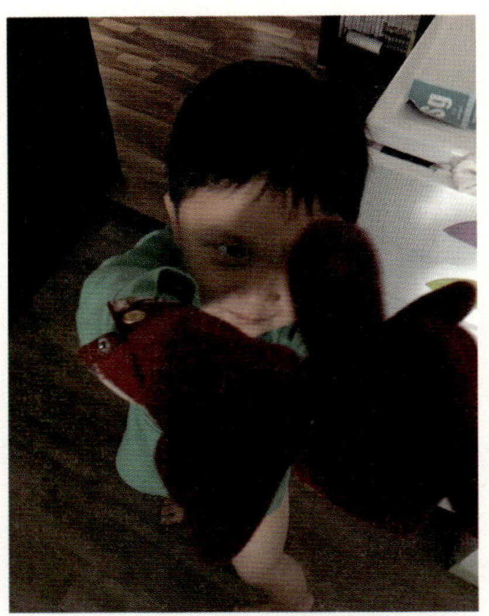

장갑을 좋아하는 장갑 매니아

에피소드2

장갑 사랑

재윤이는 첫 돌을 지나고부터 장갑을 좋아하는 장갑 마니아였다. 처음에는 싱크대에 있는 고무장갑을 끼기 시작했다. 고무장갑을 끼고 디딤대를 밟고 올라서서 설거지는 물론 싱크대 청소까지 하는 기특한 아들이었다. 그때까지는 '아 그냥 장갑을 좋아하는구나.'라고만 생각했지 몇 년 동안 온갖 장갑을 다 수집할 거라는 생각은 꿈에도 하지 못했었다. 철물점에서 파는 목장갑부터 빨간 페인트가 칠해진 작업용 장갑, 할머니께서 화초 다듬으실 때 쓰시는 원예장갑, 색색가지 털장갑에 등산용 장갑까지 마음에 드는 장갑은 다 사서 끼고 다녀야 했다. 부산 할아버지 댁에 가서 못 보던 장갑이 보이면 기어이 받아와야 했다. 어쩌다 용돈이 생기면 다이소에 가서 장갑 구경을 하고 장갑 사기에 바빴다. 계절을 불문하고 자기가 좋으면 그만이었다. 4살 때 하와이 여행에 겨울용 털장갑을 끼고 갔으니 말다한 것이 아닌가. 온 동네 아줌마들이며 학원 선생님들도 재윤이의 장갑 사랑은 알아줬다. 지금은 그때보다 장갑에 대한 애착은 덜하지만 아직도 장갑을 보면 자기 손에 껴보고 갖고 싶어 하는 건 어쩔 수가 없다.

청소 아주머니가 숨겨놓은 빗자루와
쓰레받기를 찾아내어 온 동네를 청소함

에피소드3

청소대장

재윤이는 세 살 후반부터(두 돌이 지난 후) 빗자루와 쓰레받기를 좋아했다. 어린이집 하원 후 곧장 집으로 들어간 적이 거의 없이 직행하는 곳은 아파트 쓰레기장이었다. 청소 아주머니가 숨겨놓은 빗자루와 쓰레받기를 찾아내어 근처 쓰레기와 낙엽은 다 쓸고 다닐 정도였다. 나는 옆에서 지켜보고 있자니 지겹기도 하고 남이 쓰던 빗자루와 쓰레받기를 만지는 것이 탐탁지 않아 얼른 집에 가자고 채근하였는데 재윤이는 말을 듣지 않고 1시간은 기본으로 청소를 했다. 어린이집 등원 전에도 쓰레기장 앞에 가서 비질을 해야만 등원하려고 했다. 청소 아주머니가 힘들게 쓸어서 모아놓은 낙엽들을 다시 비질하여 엉망으로 만든 일도 있었는데 처음에는 아주머니도 "아이고 잘하네." 하시다가 점점 엉망이 되자 표정이 굳어가셨다. 내가 너무 죄송해서 다른 빗자루로 어질러 놓은 낙엽을 다시 쓸었던 적도 있다. 이 동, 저 동에 있는 쓰레기장은 다 다니며 비질을 해대는 바람에 지나가는 사람들은 그저 신기해했다. 아기가 아파트 청소를 하고 있으니 말이다.

또 미용실에 가면 미용실에 있는 빗자루와 쓰레

•
청소 아주머니가 숨겨놓은 빗자루와
쓰레받기를 찾아내어 온 동네를 청소함

받기로 미용실 바닥을 청소했다. 그때가 벌써 6~7년 전인데 아직도 미용실에 가면 직원들이 청소하는 아기라며 재윤이를 알아본다. 결국엔 철물점에서 파는 큰 빗자루와 쓰레받기도 사서 온 동네에 들고 다니며 청소를 했다. 다른 아이들은 손에 장난감을 쥐고 나오는데 재윤이는 장갑을 낀 채 쓰레받기와 빗자루를 들고 다녔다. 그러다가 귀찮아지면 쓰레받기와 빗자루는 내 몫이 되어 내가 들고 여기저기 따라다녀야만 했다. 그때는 정말 너무 힘들었는데 지금 생각해보면 슬며시 웃음이 난다.

동네에서 유명한 꼬마 유명인사

에피소드4

유명인사

우리 아이들은 아기 때부터 낯을 가리지 않았다. 할머니, 할아버지를 자주 뵈어 그런지 나이 드신 분들을 봐도 울거나 거부 반응이 없었다. 특히 재윤이는 시장에 계시는 아주머니들과도 친하게 지냈다. 다니는 소아과 밑 약국 앞에 여러 야채를 갖다 놓고 파는 할머니가 계셨는데, 내가 약국에서 약을 사서 나오면 그 할머니 앞에 쭈그리고 앉아 이 얘기, 저 얘기를 하거나(주로 장난감을 새로 산 얘기) 아예 할머니 무릎 위에 앉아 안겨 있기까지 했다. 그런 모습을 보고 약사님은 물론 그 할머니도 너무 신기해하셨다. "어쩜 아이가 이렇게 낯도 안 가리고 성격도 좋으냐?"고 하시며 예뻐하셨다.

그리고 형아가 다니는 태권도 학원에 나이가 어려 다니지는 못하고 형아가 갈 때 따라가서 도장 매니저님과 놀다 오던 때가 있었는데 매니저님이 식사를 가지러 가는 식당 주인아주머니와도 친해진 것이다. 시장에 가면 불쑥 그 식당엘 들어가서 물을 얻어 마시거나 잡채나 반찬을 얻어먹는 것을 보고 나는 깜짝 놀랐다. 불과 재윤이 나이가 네다섯 살 때였기 때문이다. 그때 친분이 생긴 식당 아주머니와는 지금도

시장에 계시는 아주머니들과도 친분이 두터움

시장에서 마주치면 인사를 한다. 아파트에서 요구르트를 배달하시는 아주머니와도 아주 친한데 최근에도 나와 마주치면 "재윤이가 아주 많이 컸어요~ 자전거를 제일 잘 타던데요." 이렇게 말씀하신다.

아파트 안에 있는 트리비앙 세탁소 사장님 부부도 우리 재윤이를 엄청 예뻐하신다. 3살 때 세탁소 옆에 있는 문방구에서 장난감을 사달라고 떼를 쓰며 우는 모습을 보시곤 보통이 아니라고 생각하셨다는데 그 이후로도 오며가며 들러서 세탁소에 있는 사탕이며 카라멜을 얻어먹고 세탁소 전화로 나한테 전화를 걸곤 했다. 세탁소 사장님은 나를 볼 때마다 둘째가 너무 특이하고 보통이 아니라며 잘 키우라고 말씀하신다. 커서 도대체 뭐가 될지 궁금하다고 하시며 누가 나중에 꼭 알려줬으면 좋겠다고 하셨다. 자전거를 타고 온 동네 아이들을 다 끌고 다니면서 대장노릇을 하더라 하시기에 공부도 좀 해야 하는데 걱정이라고 말씀드리니 아무 걱정 말라고 더 잘 클 거라고, 똘똘한 아이라고 하셨다.

•
아빠 군대 모자를 쓰고 다니는 꼬마

에피소드5

아빠가 경찰인가

애들 아빠는 공군장교 출신이다. 그래서 집에 장교 모자가 있다. 어느 날은 재윤이가 그 모자를 탐내며 쓰고 다니고 싶어 했다. 너무 쓰고 싶어 해서 아빠에게 허락을 받고 쓰라고 했더니 그 모자를 쓰고 아빠 구두까지 신고 시장엘 따라오는 것이었다. 온 시장 사람들이 재윤이를 다 쳐다봤다. 그러면서 "아~ 아빠가 경찰이구나." 하셨는데 처음에 몇 번은 "아빠 경찰 아니에요~"라고 대답했지만 그 횟수가 점점 많아지자 일일이 아빠가 경찰이 아니라고 대꾸하기도 그래서 나도 그냥 웃고 말았다. 재윤이는 아기 때부터 옷이며 특이한 행동들로 사람들의 주목을 받는 것을 좋아하고 즐겼다. 이런 모습을 보고 애들 아빠는 "니 피다. 니 닮아서 그렇다."라고 얘기하는데 정작 나는 그런 식으로 주목받는 것은 좋아하지 않는데 말이다. 어쨌거나 지금도 시장에서는 재윤이 아빠가 경찰이라고 아는 사람들도 있을 것이다.

•

드라마 쇼핑왕 루이에 빠져 한동안
정장에 구두만 신고 다님

에피소드6

쇼핑 왕 루이

지금으로부터 5년 전, 나는 가수이자 배우인 서인국을 좋아했었다. 그때 서인국이 주인공인 '쇼핑 왕 루이'라는 드라마를 했는데 가벼운 내용에 재밌을 것 같아서 보기 시작했다. 이것이 재윤이의 루이 사랑이 될 줄은 꿈에도 몰랐다. 주인공인 루이는 재벌이라 옷도 멋지게 입고 나왔고 재윤이 눈에는 모든 것이 멋있어 보였는지 루이를 따라 하기 시작했다. 루이가 입고 나온 검정 정장을 사달라고 떼를 썼다. 나는 인터넷을 뒤지고 뒤져서 재윤이 몸에 맞는 검정 정장 한 벌을 사주었다. 안에는 흰 셔츠나 검정 셔츠를 사달라고 해서 셔츠까지 흰 색, 검정색 이렇게 두 벌을 사주었다.

정장을 사주고 나니 이제는 정장 재킷 카라 부분에 흰색으로 스티치를 넣어달라고 하는 것이었다. 나는 그 재킷을 들고 시장 안에 있는 퀼트 집에 가서 사정을 설명하고 스티치를 넣어달라고 부탁을 했었다. 그리하여 재윤이는 원하는 옷을 입게 되었다. 하지만 문제는 구두였다. 루이가 신고 나오는 구두와 최대한 비슷한 구두를 찾는다고 찾아봤지만 힘들었다. 겨우 찾은 구두를 보여주면 이게 아니라고 마음에 안 든다고 했다. 한 번은 구두를 산다고 서면 지하상가를 싹 다 돌고 사상에 있는 쇼핑몰까지 다 돌아서 겨우 자기 마음에 드는 구두를 샀던 적도 있다. 반짝거리는 검정색 에나멜 구두부터 흰 스티치가 들어간 구두까지 재윤이를 거쳐 간 구두만 3~4켤레는 될 것이다.

옷과 구두가 갖춰지니 시계와 반지도 사달라고 떼를 썼다. 루이가 끼고 있는 비슷한 디자인으로 6살 아이에게 맞는 반지와 시계를 찾는 일 또한 어려웠다. 결국 반지는 어른 것이지만 제일 작은 사이즈로, 시계는 아빠가 끼던 체인 시계의 줄을 작게 줄여서 끼기로 했다. 서인국은 왼쪽 눈 밑에 점이 있는데 내 화장품으로 자기 눈 밑에 점까지 찍어서 똑같은 루이가 되고자 하는 것이 아닌가. 매일 아침 유치원 가기 전에 옷을 갖춰 입고 시계를 차고 눈 밑에 점을 찍고 머리까지 드라이해서 자기 마음에 들어야만 등원했다. 아침마다 전쟁을 치르는 기분이었다. 유치원 버스 올 시간은 다 돼 가는데 거울을 보고 머리가 마음에 안 들면 울고불고 다시 하라고 난리였다.

재윤이가 다니는 유치원은 공부보다 자연친화적 교육을 시키는 곳이어서 텃밭 가꾸기를 하고 운동장에 나가서 노는 일정이 많았다. 그런 유치원에 매일 정장을 입고 등원을 했다. 하루는 텃밭 가꾸기 시간에 선생님께서 재윤이에게 앉아서 고구마를 캐라고 하셨는데 재윤이는 “이 옷은 정장이라서 더러워지면 드라이해야 해서 고구마를 캘 수가 없어요.”라고 말했다고 한다. 선글라스까지 끼고 정장을 입고 구두까지 신은 재윤이를 보는 동네 이모들은 볼 때마다 어디 가느냐고, 무슨 행사가 있냐고 묻기 일쑤였다. 거의 1년을 루이처럼 입고 다니고 루이 흉내를 내었다. 이제는 작아진 그 정장을 볼 때마다 그때 생각이 나서 웃음이 나온다. 그땐 정말 힘든 시간이었지만….

•
온 동네 매미와 매미 허물을 채집하고 다님

에피소드7

매미를 잡아라

재윤이가 6살 때의 일이다. 날씨가 더워지며 매미가 울기 시작했다. 강민이가 다니는 학교에는 큰 나무들이 많은데 우연히 재윤이가 나무에서 매미 허물을 발견했다. 그러고는 매미 허물 찾는 것에 재미가 들려서 매미 허물을 따서 모으기 시작했다. 제 키가 닿지 않는 높은 나무에 있는 허물은 내가 따야 했고 아파트 안에 있는 나무들은 다 찾아다니며 매미 허물을 모았다. 나도 어릴 때 보지 못했던 매미 허물을 아이 엄마가 되어 제대로 보게 된 것이다. 색깔은 갈색에 꼭 벌레 같이 보였는데 재윤이의 성화에 못 이겨 맨손으로 매미 허물을 땄다. 거의 매일을 큰 봉지 한가득 허물을 모아서 집에 가져오니 애들 아빠는 더럽다고 계속 집에 놔두면 벌레가 생기지 않겠냐고 싫어했지만 재윤이는 버리질 않았다.

유치원 갈 때도 그날 아침에 딴 매미 허물을 가지고 갔다. 매미 허물이야 나무에 붙어 있는 것을 따면 되지만 이제는 살아있는 매미를 잡아달라고 난리였다. 나는 곤충을 좋아하지 않는다. 어릴 때도 내가 직접 매미를 잡아 본 기억은 없다. 그런데 아이가 잡아달라고 하니 엄마니까 '그래 한 번 잡아보자.'는 심정으로 매일 아침, 재윤이가 하원 한 후 잠자리채를 가지고 온 동네를 다녔다. 몇 번 놓쳐보니 나도 요령이 생겨서 어떻게 하면 잘 잡을 수 있는지 알게 되었다. 낮에는 매미를 잡으러 다니고 밤에는 매미에 관한 책을 몇 번이고 읽어줘야 했다. 덕분에 우는 소리에 따라 매미 종류가 다르고 잡은 매미가 무슨 종류인지도 알 수 있었다. 울지 못하는 매미는 암컷이고 우는 매미가 수컷인데 한 번은 암컷, 수컷을 다 잡은 적이 있었다. 채집통에 넣어서 집에 뒀는데 몇 시간 뒤에 보니 짝짓기를 하는 것이었다.

재윤이에게 "매미는 땅속에서 오래 살다 나와서 겨우 일주일밖에 살지 못하니 짝짓기가 끝나면 살려주자."고 했더니 재윤이도 알겠다고 했다. 짝짓기가 끝난 매미들은 밖에 풀어줬다. 또 한 번 암컷과 수컷을 다 잡은 적이 있는데 두 마리는 서로 마음에 들지 않는지 아무리 둬도 짝짓기를 하지 않았다. 그것을 본 재윤이는 암컷은 풀어주고 다른 암컷을 잡으라는 것이 아닌가…. 암컷을 풀어주고 또 다른 암컷을 잡으라니? 하지만 나는 채집통 안에 있는 암컷을 풀어주고 진짜 또 다른 암컷 매미를 잡았다. 그리고 허물벗기 직전의 매미를 잡은 적도 있었다. 허물벗기 전의 매미를 채집통 안에 나뭇가지와 함께 넣어서 책상 밑 어두운 곳에 두니 다음날 아침에 허물을 벗고 몸을 말리고 있는 매미를 볼 수 있었다. 몸이 다 마른 매미를 나무 높은 곳에 붙여서 풀어주었다.

그해에 나는 평생 볼 매미는 다 보고 다 잡은 것 같았다. 다음해 여름… 이제는 안 그러겠지 했지만 재윤이는 또 매미 허물을 따러 다녔고 나에게 매미를 잡아달라고 했다. 나는 여름이 시작되면 슬슬 겁이 나기 시작했다. 매미를 못 잡는 날은 재윤이가 짜증을 많이 냈고 잡을 때까지 집에 들어가려고 하지 않았기 때문이다. 한 3년 정도를 여름마다 매미 허물을 따고 매미를 잡았던 것 같다. 그래도 재윤이 덕분에 매미에 대해서 아주 많이 알게 되었다. 매미도 서로 마음에 들지 않으면 짝짓기를 하지 않는다니….

NC 다이노스 왕웨이중을 흠모하여 투구폼을 따라함

에피소드8

야구소년

재윤이가 8살이 되면서 야구를 시작했다. 7살 때부터 야구수업을 듣고 싶어 했지만 8살이 되어야 주니어다이노스에 입단할 수 있었기 때문이다. 유니폼과 각종 야구 장비를 사주었더니 재윤이는 매일 유니폼을 입고 다니기 시작했다. 학교 갈 때도 오직 야구 유니폼이었다.

NC다이노스의 외국인 투수인 왕웨이중을 좋아했다. 그래서 자기도 투수가 되겠다며 매일 야구 연습에 왕웨이중 흉내를 냈다. 온 가족이 호주에 여행 가는 날, 겨우 설득해서 일반 옷을 입고 비행기를 탔는데 호주에 도착하자마자 야구 유니폼으로 갈아입더니 집으로 돌아가는 날까지 유니폼만 입고 다녔다. 호주에서 만난 외국인들은 재윤이를 보고 어린이 야구단이냐며 묻고 귀여워했다. 어딜 가든 주말에도 무조건 야구 유니폼만 입고 다녔다. 나는 저녁에 옷을 세탁하여 말리기 바쁜 나날들이었다.

한 번은 롯데백화점에 갔는데 누군가가 유니폼을 입고 있는 재윤이를 유심히 쳐다보는 것이다. 나는 그 사람이 누군지 몰랐는데 재윤이는 그 사람을 쳐다보다가 "NC다이노스의 마무리 투수인 원종현 투수야!"

NC 다이노스 구단을 좋아하는 야구소년

하더니 곧장 원종현 선수에게로 갔다. 재윤이는 원종현 선수에게 싸인도 받고 사진도 같이 찍는 영광을 얻었다. 주말마다 야구수업을 갔는데 안타를 치거나 홈으로 들어와 점수를 낼 때마다 하는 퍼포먼스를 보면 만루 홈런을 친 야구선수가 따로 없을 정도였다. 주말마다 아빠는 아들들과 야구연습을 해준다고 바빴었다. 야구장에 야구를 보러 가면 응원가를 따라 부르며 율동도 어찌나 잘하는지 꼬마 야구 광팬이었다. 아빠가 가입되어 있는 사회인 야구단 행사 때는 저학년부 강속구 1등을 해서 5Kg짜리 쌀을 받기도 했다.

•
자전거 선수를 꿈꾸며 열심히 기술 연습 중

에피소드9

자전거 선수가 되겠다고…

작년 어린이날 선물로 할아버지께서 강민이와 재윤이에게 자전거를 사주셨다. 처음에는 강민이만 자전거를 사겠다고 하고 재윤이는 자전거에 별 관심이 없었다. 하지만 형이 자전거를 사서 멋지게 타는 모습을 보더니 자기도 자전거를 사겠다고 해서 색깔만 다른 같은 자전거로 사주었다. 재윤이는 어릴 때부터 운동신경이 남달랐는데 형이 있어서 그런지 안전바퀴가 달린 두 발 자전거도 4살 때부터 타고 다녔고 6살 봄에 완전한 두 발 자전거를 타기 시작했다. 안전 바퀴를 떼고 처음으로 두 발 자전거를 타는데 나는 행여나 넘어지지 않을까 싶어 노심초사하며 따라다녔었는데 10분 정도 지나자 능숙하게 타는 것이었다.

6살 아이가 두 발 자전거를 타는 것은 빠른 일이었다. 그래서 온 가족이 놀랐다. 그 이후로 인라인스케이트도 강습 받기 전에 혼자 터득해서 타기 시작했다. 이처럼 운동신경이 뛰어난 아이였다. 할아버지께 선물 받은 자전거가 재윤이 덩치에 비해 크다고 생각했는데 처음에는 좀 서툴더니 곧 익숙해졌다. 집에서 유튜브로 자전거 동영상을 열심히 보기에 뭘 보나 했더니 자전거로 묘기 부리는 영상을 보는 것이었다. 설마, 설마 했는데 재윤이는 정말 자전거로 계단 뛰기며 윌리(앞바퀴를 드는 묘기) 등등 갖가지를 하고 다닌다는 말이 내 귀에 들어왔다. 나는 아이가 다칠까 봐 걱정돼서 계단 뛰기도 하지 말고 윌리도 하지 말고 그냥 얌전히 타라고 타일렀지만 말을 들을 리 만무했다. 그해 여름 재윤이 다리는 전부 멍이었고 넘어져 다쳐서 상처를 입어 온몸이 멍과 상처투성이였다. 하지만 자기가 좋아하는 일이니 아파도 다쳐도 끊임없이 나가서 자전거를 탔다.

자전거를 구입한 킹바이크에는 참새 방앗간처럼 수시로 드나들었고 일하고 있는 아빠에게 전화를 걸어 아주 착한 목소리로 "아빠~ 지금 브레이크가 고장 났는데 고쳐야 한대요. 여기 계좌로 돈 입금 좀 해 주세요." 하는 일들이 비일비재했다. 킹바이크 사장님도 재윤이에게 두 손 두 발을 다 들었다. 친구들을 데리고 하루에도 서너 번은 들러서 가게에 있는 사탕이며 카라멜을 한 주먹씩 가져갔고 툭하면 자전거 점검해 달라, 무슨 자전거는 얼마냐 하며 사장님을 귀찮게 굴었다.

동네 근처에 있는 자전거 가게는 여기저기 다 가 보고 각 가게마다 장단점을 얘기하기도 했다. 코로나 때문에 학교를 가지 않는 날은 온라인수업만 듣고 하루에 8시간씩 자전거를 탔다. 그렇다보니 8개월 정도 탄 자전거는 타이어가 다 마모되어 교체하였고, 페달도 몇 번이나 수리하였다. 아마 지금까지 자전거 수리비가 자전거 가격보다 더 많이 나갔을 것이다. 재윤이가 사고 싶어 하는 자전거는 MTB자전거인데 풀샥이 장착되어 있고 풀샥만 해도 몇 백만 원 하는 것으로 알고 있다. 풀샥이 장착된 자전거를 타면 몸에 무리 없이 계단 뛰기며 윌리 등 묘기를 할 수 있다면서 중고마켓에 검색을 해보기도 했다. 하루는 아빠 네이버 계정으로 알림이 떠서 들어가 보니 재윤이가 아빠 아이디로 풀샥을 판매한다는 글에 "풀샥 아직 있습니까?"라고 댓들을 달아놓은 것이 아닌가…. 그래서 판매자는 "네, 아직 있습니다. 연락처 주세요."하고 답변을 달았던 것이다. 10살 꼬맹이가 "풀샥 아직 있습니까?"라고 댓들을 달다니…. 그 판매자분은 모르시겠지만 우리는 너무 어처구니가 없어서 웃음만 나왔다.

그 무거운 자전거로 앞바퀴 들고 뒷바퀴를 드는 연습을 했으니 온몸이 근육통을 하지 않을 리가 없었다. 집에만 오면 밤에 온몸이 다 아프다며 주물러 달라고 했다. 엄살이 심한 아이고 다치면 많이 우는 아이인데 자전거를 타다가 다쳐도 아픈 기색이 없이 괜찮다며 계속 자전거를 탔다. 내가 시장에 나가서 아는 사람들을 마주치면 "재윤이 자전거 너무 잘 타던데요?" 이렇게 말하는 사람들이 많아졌다. 동네 친구들이나 동생들, 형들은 재윤이에게 자전거를 배우고 싶어 했다. 그러면 재윤이는 친절하게 잘 가르쳐주었다. 한 번은 강민이가 친구들과 놀다가 옆 아파트 아이들과 시비가 붙은 적이 있었는데 그쪽은 형들이 많아서 강민이와 친구들은 도망을 다녔다고 했다.

그런데 며칠 뒤에 재윤이가 집에 들어와서 의기양양하게 하는 말이 "형아야, 그때 형아 쫓아다녔던 형들 중에 두 명이 나한테 자전거 가르쳐 달라고 해서 가르쳐 주겠다고 했는데, 대신에 우리 형이랑 형아 친구들 따라다니거나 괴롭히지 말고 사과하라고 했어. 그래서 알겠다고 하더라."라고 말하는 것이 아닌가. 강민이는 진심으로 재윤이에게 고맙다는 말을 했다. 자전거를 잘 타니 이런 좋은 점도 있었다.

자전거 타는 것을 좋아하고 난 뒤로 재윤이는 비 오는 날을 제일 싫어했다. 비가 오면 자전거를 타지 못하니 시무룩해지고 비가 그치기만을 오매불망 기다린다. 매일 나에게 내일 비가 오냐, 얼마나 오냐, 몇 시부터 비가 오냐고 묻는다. 매일 이렇게 날씨를 물으니 하루에도 몇 번씩 다음날 날씨를 찾아봐야 해서 내가 기상 캐스터가 된 것 같다.

하루는 집에 들어와서 나한테 야단을 맞고 뾰로통해져서 방에 문을 닫고 들어갔다가 한참 뒤에 나와선 나한테 웬 명함 하나를 내밀면서 "엄마, 나 스카우트 제의받았어."라고 말하는 것이다. 나는 웬 스카우트 제의냐고 물어보니 자기가 자전거를 타는 모습을 보고 어떤 선생님이 자전거 선수가 될 생각 없냐며 명함을 주셨다고 했다. 명함을 보니 중학교 사이클부 코치님이었다. 부모님께서 허락을 하시면 주말마다 훈련 받으러 오면 된다고 하시면서 몇 살이냐고 물으셨는데 이제 11살, 4학년이라고 하니 아직 훈련을 받긴 어리다고 5학년이 되어서 훈련받고 싶은 생각이 있으면 연락을 하라고 하셨다며 좋아했다. 코치님 이름을 검색해보니 이 지역에선 나름 인지도 있는 사이클 코치님이셨다, 재윤이는 5학년이 되면 주말마다 훈련받으러 다니고 싶다며 중학교도 사이클부가 있는 이 학교로 가고 싶다고 했다. 나는 웃어야 될지, 말아야 될지 정말 모르겠다.

•

경찰서, 119, 주민센터, 동물구조협회 등
다양한 기관과 통화를 하는 꼬마

에피소드10

투철한 신고정신

하루는 모르는 번호로 전화가 와서 받았더니 "김재윤 학생 어머니 되십니까?" 하는 것이다. 그래서 그렇다고 대답했더니 "여기 파출소인데 재윤 학생이 지갑을 주워서 가지고 왔습니다. 칭찬 많이 해주세요."라고 하셨다. 재윤이가 주운 지갑은 중학생 정도 되는 학생 지갑인 것 같았다. 그러고 얼마 뒤에 파출소에서 또 전화가 와서 재윤이가 지갑을 주워 가지고 왔다는 것이다. 지갑을 줍기도 어려운데 두 번씩이나 주워서 파출소에 가져다주다니 신통방통했다.

재윤이가 자전거를 타고 밖에서 놀다 와서는 핸드폰에 있는 웬 뱀 사진을 보여주는 것이었다. 길이가 족히 1미터는 돼 보이는 제법 큰 뱀이었다. 이 뱀을 어디서 봤느냐고 하니 옆 아파트 앞에 있는 하천 길 쪽에서 뱀이 있었다는 것이다. 자기 친구가 뱀에게 돌을 던지기에 위험하다고 하지 말라고 말린 후 119에 신고를 하고 119 대원들이 도착할 때까지 행여나 놓칠까봐 그 뱀을 따라다녔다고 했다. 출동한 119대원들은 그 뱀이 독사가 맞다며 신고해줘서 고맙다고 칭찬까지 해주셨다며 재윤이는 으스대었다. 자전거를 타고 여기저기 잘 다녀서 그런지 뱀까지 발견하고 나도 살면서 한 번도 안 해본 119에 신고 전화까지 하는 모습을 보니 그저 웃음만 나올 뿐이다.

하루는 또 집에 들어와선 경찰서에 가서 진술서를 쓰고 왔다는 것이 아닌가. 너무 놀라서 "니가 왜 진술서를 쓰냐?"고 물었더니 동네에 자전거를 도둑맞은 형이 있었는데 그 자전거를 자기가 발견해서 그 형에게 찾아주었는데 도난 신고가 접수된 자전거라 찾은 사람의 진술서가 필요하다고 했다는 것이다. 맙소사…이제 11살짜리가 경찰서에 가서 진술서도 써 보다니? 물론 착한 일을 한 것이긴 하지만….

회사에서 일하고 있는 어느 날 오후, 모르는 번호로 또 전화가 오는 것이다. 받았더니 "여기 창원 중부 경찰서입니다. 김재윤 학생 어머니 되십니까?" 하는 것이었다. 나는 순간 놀라서 또 무슨 일인가 싶었다. 이유인즉슨, 재윤이가 친구와 함께 자전거를 타고 자전거 가게에 가는 길에 뒤에 어떤 형들이 계속 따라와서 112에 신고 전화를 했다는 것이다. 출동해서 얘길 들어보니 가는 방향이 같았는데 서로 쳐다보다 보니 약간의 시비가 붙었고 재윤이는 112에 신고를 한 것이다. 경찰관 아저씨는 서로 오해였으니 정리해서 보내겠다고 하셨다. 나는 "바쁘실 텐데 정말 죄송합니다."

라고 말씀드렸고 경찰관 아저씨는 “하하, 괜찮습니다.” 라고 하시며 마무리되었다.

그 외에도 자동차 도로에 유리 파편이 흩어져 있다고 112에 신고하여 경찰관이 출동해서 치우게 만든 일도 있었다. 내가 왜 그랬냐고 하니 유리 파편이 너무 많아서 자동차가 지나가면서 타이어 펑크가 나서 사고가 날 수 있어서 그랬다고 경찰관 아저씨가 신고해줘서 고맙다고 했다고 하는 것이다. 112나 119에 친구한테 전화하듯 편하게 전화하는 사람은 우리 재윤이밖에 없을 것 같다.

•

날개를 다친 새끼 까마귀가 불쌍하다며
야생동물 구조센터에 신고

에피소드11

동물 보호가

우리 재윤이는 어릴 때부터 동물들을 무척이나 좋아했다. 집에서 강아지나 고양이를 키우지 못해 가끔씩 강아지를 사달라고 울고불고 조르곤 했었다. 그리하여 기르게 된 동물이 강아지가 아닌 기니피그인데 자기 동생이라며 끔찍하게도 보살피고 있는 중이다.

하루는 놀이터에서 놀다가 들어와서는 "엄마, 다리를 다친 까마귀가 있어서 마산에 있는 동물보호센터에 전화해서 까마귀를 데려갔어."라고 하는 것이다. 자초지종을 들어보니 놀이터에서 놀다가 다리를 다친 아기 까마귀를 발견했는데 그대로 두기엔 불쌍해서 인터넷 검색으로 동물보호센터 전화번호를 알아냈고 그곳에 전화를 걸어서 신고했더니 와서 아기 까마귀를 데려갔다고 했다. 치료가 끝나면 자연으로 돌려보내겠다는 약속도 받았다며 뿌듯해하는 것이었다. 다친 동물을 모른 척하지 않은 것이 기특하여 잘했다고 칭찬해 주었다.

그리고 얼마 뒤 저녁을 먹고 자전거를 탄다고 나가더니 전화가 와선 박스와 과자나 빵을 좀 갖고 집 앞으로 내려와 달라고 하는 것이다. 챙겨서 내려갔더니 또 다리를 다친 아기 까마귀를 데리고 있는 것이었다. 날아가다가 가로등에 부딪혀 다리를 다친 것 같다며 가져간

•

날개를 다친 새끼 까마귀가 불쌍하다며
야생동물 구조센터에 신고

박스 안에 까마귀를 넣고 과자며 빵을 넣어주었다. 그리고 풀숲에 숨겨놓고 다음 날 학교를 다녀와서 또 동물보호센터에 전화해서 다친 까마귀를 데려가게 했다. 나는 사십 평생을 살면서 다친 동물들 만난 적이 거의 없는데 그것도 아기 까마귀를…우리 재윤이는 어떻게 그렇게 다친 까마귀를 잘 발견하는지 모르겠다. 은혜 갚은 까치가 아닌 은혜 갚은 까마귀가 될는지 모를 일이다.

또 하루는 버려진 아기 고양이를 어떻게 할지 고민하다가 동네 동사무소에 데려갔다고 했다. 동사무소에서 그 아기 고양이를 임시 보호하겠다고 하다가 동사무소 직원이 입양해서 키우기로 했다고 한다. 그 뒤에도 그 고양이가 적절한 치료를 받고 잘 지내는지 봐야 한다며 동사무소에 찾아가서 고양이 치료 과정과 지금 어떻게 지내고 있는지 사진으로 확인까지 했다고 한다. 인터넷으로 학대를 당하는 고양이 영상을 보고 112에 문자 신고까지 한 적도 있다.

어디에 사는 누가 고양이 학대를 하고 있으니 조사해 달라고 아주 정중하게 신고문자를 보냈더니 112측에서 그 사건은 신고가 몇 번이나 들어와서 조사 중에 있으니 걱정하기 말라고 답이 왔었다. 이외에도 길고양이들을 보면 자기 용돈으로 물이며 간식을 사서 주기도 했다.

귀찮아서 모른 척할 수도 있는 일들을 우리 재윤이는 따뜻한 마음으로 자기가 앞장서서 하는 것을 보니 엄마인 나도 반성을 하게 된다.

에피소드12

내 사랑 귀염둥이

둘째라 그런지 재윤이는 유독 애교가 많고 애정 표현을 많이 하는 편이다. 하루에도 몇 번씩 “사랑해요.” 하며 안아주고 뽀뽀를 해준다. 특히 엄마인 나에 대한 애정이 남다른 편이다.

재윤이가 4살 때 내가 계단을 내려가다가 정강이 쪽을 다친 적이 있었다. 어린이집을 다녀와선 내 다리를 보더니 갑자기 ‘우앙~’ 하고 울음을 터트리며 크게 울었다. 정말 엉엉 우는 것이다. 엄마 아픈 거 싫다며 엉엉 우는데 엄마는 괜찮다며 한참을 달래야 했던 적도 있었다.

재윤이가 7살 때, 미술학원을 다닐 적이었다. 과제를 잘해내고 결석을 하지 않으면 스티커를 모아서 물건으로 바꿀 수 있는 날이 있었는데 수업을 마치고 나에게 조그만 쥐 인형을 내밀었다. 이게 뭐냐고 물었더니 “엄마 우리는 크리스마스 선물 받지만 엄마는 못 받으니까 그럼 슬프잖아. 그래서 내가 주는 크리스마스 선물이야.” 이렇게 말하는 것이었다. 나는 어린애가 이런 생각을 하다니 싶고, 학원에서 자기가 갖고 싶었던 것을 고르고 싶었을 텐데 내 생각을 해서 이걸 가져온 생각을 하니 마음이 너무 짠했었다.

그 쥐 인형은 아직도 부엌 한쪽 벽에 걸려 있고 볼 때마다 그때의 재윤이 마음이 생각이 난다.

그리고 올해 내 생일엔 재윤이가 편의점에서 와인을 사주었다. 편의점에 엄마가 좋아하는 와인이 많이 있다며 자기는 술을 살 수가 없으니 같이 가서 엄마가 고르면 자기가 돈을 내주겠다고 했다. 나는 괜찮다며 사양했지만 재윤이의 고집을 꺾을 수가 없어서 결국 편의점에 가서 비싸지 않은 와인 한 병을 샀다. 그런데 문제는 내가 와인을 마시고 싶지 않은 날인데도 불구하고 왜 자기가 사준 와인을 마시지 않느냐고 빨리 마시라고 재촉하는 것이었다. 냉장고 문을 열 때마다 왜 와인 안 마시냐고 자꾸 물어서 나는 미루고 미루다가 삼일에 걸쳐서 결국 한 병을 다 마시고 말았다.

재윤이는 심지가 올곧다. 부당함을 얘기할 줄 알고 친구들에게 바른 소리를 잘한다. 하루는 재윤이가 지금 담임 선생님께서 한 아이를 유독 편애한다고 느꼈는지 나에게 불만을 쏟아내었다. 이때까지 있었던 이야기를 듣고 보니 재윤이가 그렇게 느낄 만하다고 생각되어 선생님과 통화로 그런 점들을 말씀드렸다.

다음 날, 선생님은 반 친구들에게 선생님이 누구와 너희들을 차별한다고 느끼는 사람은 손을 들어보라고 하신 것이다. 그런데 재윤이 혼자만 손을 들었다고 했다. 다른 친구들은 손들었다가 선생님께 싫은 소리를 듣거나 야단맞을까 봐 들지 않았는데 재윤이는 떳떳하게 혼자 손을 들었고 선생님은 복도로 따라 나오라고 하신 것이다.

선생님께서는 재윤이에게 왜 그렇게 느꼈는지 물으셨는데, 재윤이는 자기가 그동안 부당하다고 느꼈던 점들을 당당하게 말씀드렸더니 "알겠다." 하시면서 재윤이가 그렇게 느꼈다면 앞으로 조심하겠다고 하셨다고 한다. 이 이야기를 듣고 아이 아빠와 나는 깜짝 놀랐다. 보통의 아이들 같으면 어른인 선생님이 그렇게 물으면 주눅 들고 말하기 겁이 나서 속마음을 숨길 텐데 재윤이는 혼자 당당하게 손을 들고 선생님께 자기의 생각을 말씀드린 것이 어찌나 대견하던지 한참 칭찬을 해주었다.

"그렇게 얘기하는 것은 쉬운 일이 아닌데, 재윤이 너는 정말 대단하다. 엄마아빠보다 훨씬 낫다."고 말해주었다.

이처럼 우리 재윤이는 어릴 때부터 독특하고 남다른 매력이 있는 아이이다. 하루에도 사랑한다는 말을 수십 번씩 하며 애교를 부린다. 너무 말을 안 들어 힘들 때는 '사랑한다는 말 하지 말고 말이나 잘 듣지.' 이런 생각이 들다가도 재윤이가 아니면 누가 나에게 저렇게 사랑한다는 말을 많이 해줄까 싶기도 하다.

재윤이는 호불호가 확실하고 자기가 좋아하는 것에 대해선 지겨운 줄도 모르고 파고드는 집념이 대단한 아이다. 시기에 따라 좋아하는 것이 바뀌고 관심사도 바뀌고 있지만 본인이 좋아하는 것에 대해선 진심으로 노력하니 뭐가 되어도 될 거라 믿는다. '그 관심사가 공부 쪽으로 조금 넘어가도 괜찮을 건데.'라는 생각도 들지만 말이다.

"커서 비행기 조종사가 되면 엄마 해외여행 많이 시켜줄게."라고 했는데 과연 커서 뭐가 될지 궁금해지는 아이다. 정말 비행기 조종사가 되어 해외여행 많이 시켜줬으면 좋겠다. 내가 좋아하는 하와이에 몇 번이고 보내준다고 약속했는데 한 20년 뒤엔 정말 하와이에 가 있으려나? 우리 재윤이는 성인이 되어서도 영원히 나의 귀염둥이 아들일 것 같다.

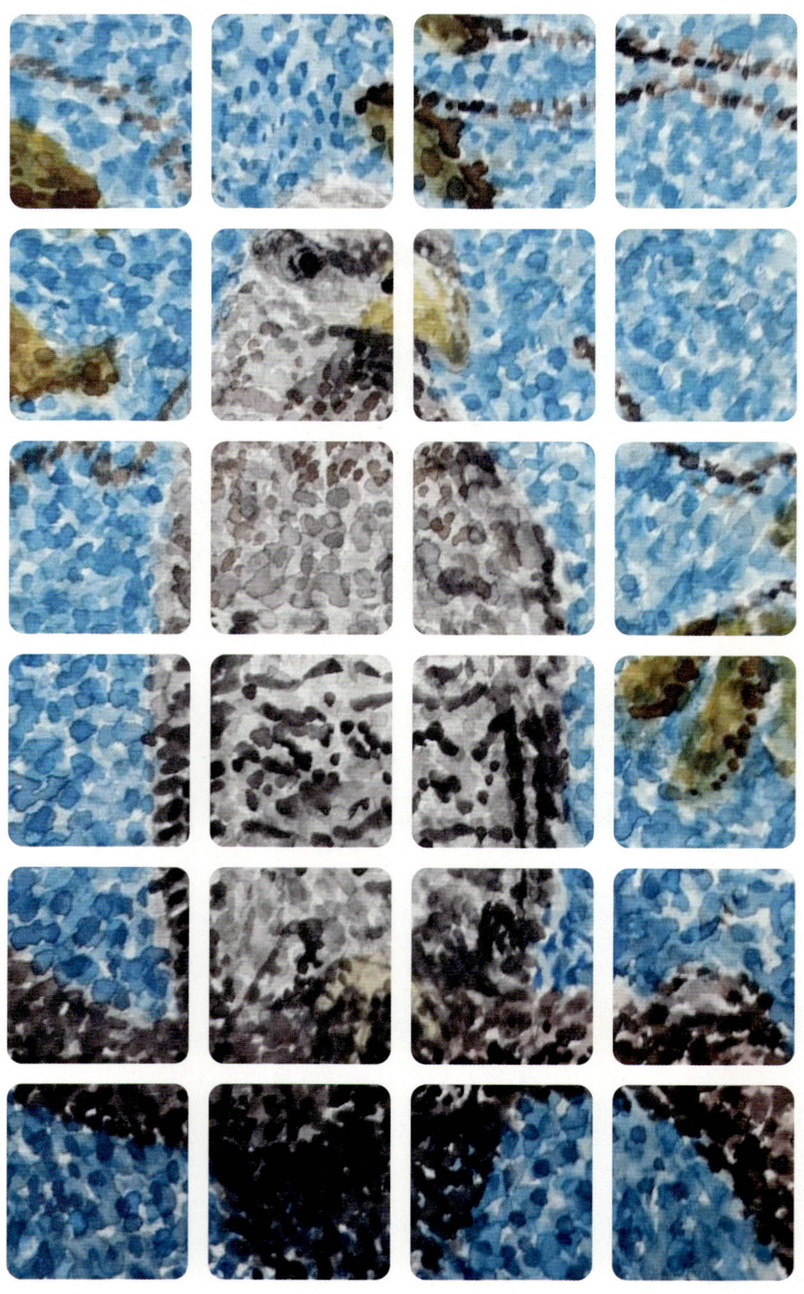

제 3장

외손주 이야기

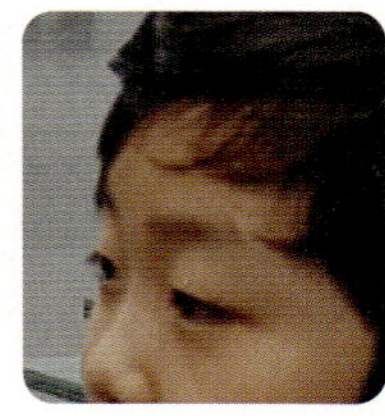

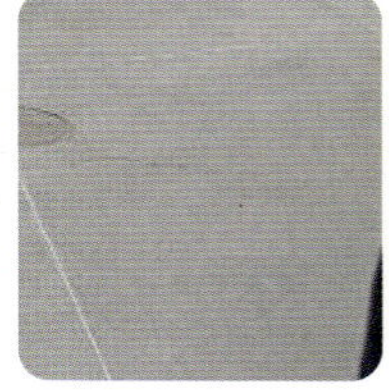
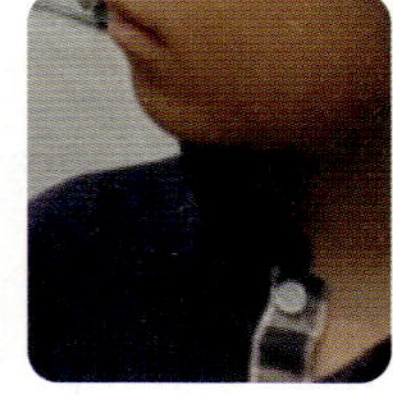

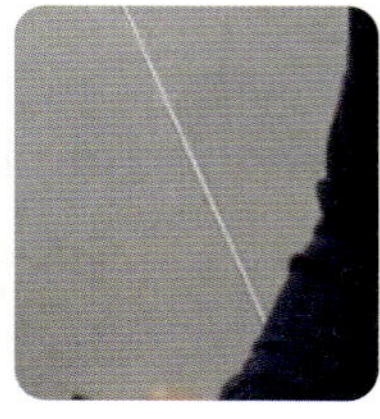

평생 친구 같은 아들

•

나에겐 애교 많고 자상한, 나의 평생친구 같은 아들이 있다. 결혼 전부터 남편과 나는 아이는 아들 딸 상관없이 하나만 가지기고 약속했었다. 맘껏 아끼지 않고 사랑 듬뿍 주며 키우기로 하고….

처음 내 품에 안겨 날 쳐다보던 그 찰나의 뭉클한 감동은 이루 말로 표현할 방법이 없다. 하고 싶은 일도, 더 배워보고 싶은 것도 있었지만 내 자신을 위한 욕심은 접어두기로 했다.

밤낮이 바뀌어 종일 울어대고 잠깐 웃어대고 내 품에서 겨우 잠든 듯하여 살포시 아기침대에 내려놓자면 어떻게 알아차렸는지 눈을 뜨고 울어댄다. 남들 자는 시간에 자질 않는다. 한동안 그렇게 밤낮이 바뀌어 자던 아이가 어느 순간부턴 이제 밤에 코까지 살살 골아가며 정말 잘 자는 것이 신기하다.

두서없이 글을 적어 내려가려니 참 쉽지 않지만, 내 소중한 평생 친구 같은 아들 주영이가 자라온 이야기를 해볼까 한다.

어릴 적부터 또래보다 비교적 침착하고 감성 표현이 남달리 풍부한 아이였다. 조용히 집중해서 손으로 만들고 붙이고 그리기를 좋아했다. 남들이 언뜻 보기에는 조용하고 얌전한 아이처럼 보일지 몰라도 밖에서 활동할 때는 친구들과 머리가 흠뻑 젖을 만큼 지칠 줄 모르고 또한 활동적인 성격을 가진 활달한 녀석이다. 심지어 IT강국의 어린이답게 스마트폰이나 전자제품도 척척 잘도 다루어댄다. 가르쳐준 적도 없는데 말이다.

그래서 외갓집에 가면 외할아버지가 붙여준 귀여운 별명 하나가 생겼다. '강 박사'라는 아주 부담스러운(?) 애칭이다. 외할머니와 외할아버지의 전문적인 '척척 비서'라고나 할까.

수영을 배우다

•

유치원쯤 되었을 때이다. 여름방학 때 기억에 남는 여행에 관한 숙제가 있었다. 남편 회사 일이 한창 바쁠 때라 어릴 적의 사진을 보며 "엄마랑 나랑…우린 항상 둘이야. 사진 속엔." 이런 말을 하는 걸 보고 맘이 안 좋았는지 2박 3일 호캉스를 준비하게 되었다.

"이번에 놀러 가면 아빠랑 같이 세 가족이야. 사진 많이 찍자." 며 흥분했었다. 모처럼 여행이라 행복했다. 우리 가족은 여행지에 도착하자마자 물놀이를 시작했다. 아주 아기 같은 아이들도 물속에 덤벼들며 신나게 물놀이를 하고, 어떤 아이 아빠는 아이를 강하게 키우겠다며 물속에 아이를 던지고 안아주기를 반복했다.

그때 그 pool에서 처음으로 '주영이가 물을 무서워하고 있구나.'를 느끼게 되었다. 모든 걸 살짝살짝 안전한지 확인하고 너무 몸을 사린다고나 할까. '좀 크면 나아지겠지. 아직 어려서 겁이 나겠지.' 하면서도 속으론 옆에서 신나게 물을 즐기는 아이들이 참 부러웠다.

휴가를 마치고 돌아와서 아파트 단지에 들어오는 키즈 수영장 차를 쳐다보다가 남자아이인데 뭔가 남달리 자신 있게 내세울 만한 운동 하나쯤 시켜보면 어떨까… 하며 고민하는 시간을 가졌다. 때마침 친한 친구 엄마가 친구 셋이 같이 수영장에 등록하자며 제안을 했다.

난 뭐든지 아이의 의견이 먼저라고 생각한다. 물론 나의 육아법이 이상하다고 말하는 친구도 있지만, 그 친구는 아이는 엄마가 시켜주는 대로 성장하는 거라며 아이의 의견이 어디 있냐고, 어린 애가 뭐를 선택할 수 있냐고, 그냥 학원은 막 보내주기만 하면 선생님이 다들 이끌어가기에 아이들은 적응한다고 했다.

'난 아니거든… 무엇이든 아이의 선택이 중요하거든.' 하며 '어려도 도저히 싫은 건 좀 더 기다렸다 하기.'였다.

키즈 수영장에 구경을 갔는데 아직은 두렵단다. 선생님도 물을 두려워할 때 수영을 가르치는 건 바람직하지 않다며 오히려 평생 물을 두려워하는 역효과가 생긴다면서 우릴 돌려보냈다. 그리고 1년 반쯤 지난 후 봄이었다.

수영을 배워야 하는 이유를 아이에게 설명하고 "지금 배우지 않으면 이제 점점 배울 시간이 없을 거야, 그래도 싫다면 안 배워도 되지만 어른이 돼서는 배우기 더 어렵고 기회가 잘 오질 않을 텐데…." 했다. 그리고 잠깐의 시간이 지났다.

"수영 배워보고 싶어, 엄마,"

그때부터 3년 2개월…정말 마스터반 졸업까지 이렇게 오래 걸리는 줄 모르고 시켰는데, 자가로 학원에 가서 1시간 대기시간과 함께 하루에 3시간을 수영에 투자했다. 도중에 '이제 이쯤하면 됐는데 국가대표 시킬 것도 아니잖아.' 하는 생각으로 물어보았다.

"너도 매일 차 막히는데 타고 가서 대기하고 힘들 텐데 물에 뜰 줄 알면 그만해도 되지 않겠냐?" 하는 엄마 말은 매번 귀에 넣지도 않았다. 그런데 "수영강습 더 하고 싶고, 수영이 재미있어요."라고 말하니 마스터반까지 다녀보자고 다짐했다.

사실 대부분 친구들은 6개월이나 길어봤자 1년 정도 되면 수영강습을 그만하기에 정말 긴 시간을 수영에 바치는 느낌이었다. 그 보상으로 레벨 테스트의 수많은 메달과 함께 "주영이는 우리 수영장 대표선수야."하는 뜻깊은 칭찬도 얻었다.

"무엇을 배우든지 꾸준히 해오는 사람을 이길 사람은 없어."라고 늘 말하고 있다. 앞으로 살아가면서 뭔가 지금 하는 것에 대한

싫증이 나거나 포기라는 단어가 생각날 때 "꾸준히 해오는 게 최선이야." 이 말을 기억 속에서 더듬으며 힘차게 용기를 내기 바란다.

사실 꾸준히 하는 것이 쉽지 않다. 꾸준히 하는 것은 결국 잘하게 되는 것이고, 자신과의 싸움에서 승리한 것이고, 아주 대단한 것이라고 생각한다. 물이 겁이 났지만 수영 레슨을 시도했고, 자유형, 배영, 평영, 접영, 한팔 접영, 팔 꺾기, 다이빙, 퀵턴, 스타트 선수반 레슨을 마무리해낸 꾸준한 노력이 고맙다. 그래서 난 꾸준히 뭔가 하는, 주영이 같은 사람을 언제나 칭찬하며 응원한다.

•

문방구에서 뽑기를 할 때가 젤 행복하다는 아이, 학교 가는 목적이 맛있는 급식이랑 문방구 가는 즐거움으로 간다는 아이, 뭔가 듬직하게 열중하는 아이를 생각하다 어쩌다 이런 말을 들으면 '귀엽고 천진한 소년일 뿐'이란 생각을 하게 된다.

하루는 주영이가 문방구에서 꽝 없는 뽑기에 정신을 놓아둔 채 연락이 30분째 닿지 않았었다. 호흡이 가빠지며 불길한 생각에 휘둘리고 말았다. 그 순간 왜 진작 '위치추적 어플'을 사용하지 않았었나 하면서 무엇보다 나를 자책하며 괴로워했다.

다 큰 초등학생들도 집 앞에서 유괴하는 사례들이 있으니 조심시켜야 한다던 학교의 공지가 떠올랐기 때문에 정신이 혼미해져 갔다. 일단 나가면서 경찰에 신고부터하고 학교 주변으로 가기로 했다.

맨발의 슬리퍼로 자동차 키와 휴대폰만 손에 쥔 채로 엘리베이터 버튼을 누르는 찰나에 휴대폰이 울렸다. ♥내 아들♥이었다. 눈물이 핑 돌면서 모든 건 해결되었다. 언제나 침착하자는 말을 떠올리지만, ♥내 아들♥ 일인데 그게 말처럼 쉽더냐고….

한 번씩 이런 생각을 한다. 형제들과 지내온 친구들을 만나면 우리 주영이는 외동이라 살아가면서 혹시 외롭다거나 심심하단 생각을 하진 않을까? 정작 같은 반 친구들을 보거나 유치원 때 같은 반 친구들을 보면 외동이 대부분이었는데.

'키우기 나름이야. 그리고 사촌형과 사촌동생도 있잖아.'

이렇게 위로하며 마음을 갈무리한다.

사람들은 형제가 없이 외동으로 자라는 아이들은 이기적인 사람으로 성장하기 쉽다며 속단한다. 한 번은 『외동아이를 키우는 법』이란 책을 구매한 적이 있다. 외동아이라 좋은 점에 대하여 서술하고 있었던 그 책 속에 이런 글귀가 있었다.

"외동아이는 그 누구보다 혼자서 생각할 시간과 공간이 많으므로 마음이 언제나 온순하고 남들과 지나친 경쟁을 할 필요가 없으며 혼자만의 공간과 자유 시간들이 아이의 사고발달과 호기심 자극과 창의력을 키우는 데 도움이 된다."

그랬다. 생각해보니 손에 박상을 쥐고 훨씬 어린 아기동생한테 다 뺏기고는 그걸 찾아와야할지 말지에 대해 고민할 까닭이 없었다. 뺏긴 내 것에 대해 내가 찾아야지 하거나 뺏겨서 억울하니 울어 보기라도 하거나 소리라도 지르자 하는 마음은 전혀 찾아볼 수가 없었다.

형제가 많은 저 아기 꼬마는 기어 다니면서 모르는 형아 것도 뺏어먹는데 내 아들은 자기 과자를 뺏기고서도 전혀 아무렇지 않다니…앞으로 크면서 맨날 자기 것도 못 챙기는 아이로 자라면 어쩌나 하는 걱정이 없지도 않았다.

그날 밤이었다. 남편에게 이야기했다. 나와 같은 생각이었다. 우린 박상을 놔두고 뺏고 "내 꺼야 안 돼."를 주영이에게 가르치며 안도했다. 지금 생각하면 참 우습고 부끄러운 행동일 뿐 아니라 괜한 기우에 불과했다.

어느 주말 늦은 아침이었다.

몸살 기운에 아침도 준비하지 못한 채 늦게까지 이불 속에서 못 나오고 있는데, 주방에서 달그락달그락 접시들이 어설프게 움직이는 소리가 들려왔다. '남편이 휴일이라고 어쩌다 한 번씩 하는 그 요릴 준비하나 보다.' 하고 기다렸다. 그러다가 한참이 지났다. 밖으로 나가보았더니 주영이가 맨손으로 주방세제 대신 키즈용 핸드워시로 설거지를 하고 있었다. 사랑스럽고 기특했다. 그리고 이쁘고 고마웠다.

"엄마, 우리 반 친구들은 설거지 다 하는데…나도 하고 싶어."

벌써 다 키운 듯하며 감동받았다. 잠시 후 나는 주영이가 설거지한 접시들을 다시 헹궈야 했지만 말이다.

그림에 심취하며 고흐를 만나다

•

혹시라도 자신만 중요하고 남의 입장은 등한시하며 배려할 줄 모르는 사람으로 자랄까 봐 사실 어린 나이부터 예의바르고 인사성 좋고 남을 배려하는 아이로 교육시키려 애써 왔다. 물론 인사하는 건 참 오래 걸렸지만….

언젠가 세종문화회관으로 야수파 걸작전을 관람하러 갔었다. 국내 전시에는 들어오지 못하는 훌륭한 대작들이 많았다. 들어가는 입구에 포토 존이 눈에 들어왔다. 앙드레 드랭의 '빅벤' 속에 빨려 들어갈 듯이 멈춰서더니 사진을 찍어달라고 했다. 주영이는 부산에서 출발할 때부터 자신의 지갑을 꼬옥 챙겨 확인하더니 황홀하게 작품 관람을 마치고 아트샵으로 발 빠르게 직행하였다. 지갑을 꺼내더니 "저기요…이 그림 〈빅벤〉을 제가 살 수 있나요?" 하고 물었다.

웃음바다가 되었다. 물론 아이의 눈에는 프린트 액자도 똑같은 그림이니까. 미술작품에 본격적인 관심을 가지게 되던 날로 난 기억한다, 이날을. 〈빅벤〉 액자와 마그넷 엽서들을 스스로 계산하고는 우리는 공항으로 이동했다. 시간이 빠듯하여 아무래도 오늘의 마지막 비행기를 취소해야겠다는 결단을 내리고 KTX 모바일 예약을 했다. 마지막 기차시간은 3시간이나 더 여유가 있었다.

서울역에 도착해서 시간이 좀 남는 듯싶어 근처를 걷고 있었는데, 지하철역 입구에서 보자기로 머리를 덮고 엎드린 채 깡통을 앞에 두고 세상에 의욕이란 전혀 없어 보이는 눈빛을 하고 있는 그 할머니를 보았다. 그 많은 인파들이 본척만척 지나쳐 버리며 가끔 동전을 휘리릭 던지거나 대부분 못 본 채 자기 갈 길만 바쁘게 움직이는 흔한 도시의 일상적인 모습이었다.

주영이는 친구들을 잘 돕는 아이이다. 이번에도 맘이 안 좋았는지 내 손을 놓고 "잠깐만…." 하더니 그쪽으로 다가가는 것이었다.

"안녕하세요, 할머니." 그러면서 "저녁은 드셨어요?" 하고 말하고는 자기 조그만 강아지모양의 지갑에서 2천 원을 꺼내 그 깡통 속에 살포시 넣는 것이었다. 2초쯤 후, 할머니가 살포시 고개를 들고선 말했다.

"니 참 이쁜 사람이다. 아무도 나에게 말을 걸어주지 않는데, 내를 니가 불러주네…꼭 아는 사람처럼 내를 바라봐주네. 니 참 고맙다. 이쁘다, 잘 가거라."

그러면서 나에게도 이렇게 한 마디 남기셨다.

"아들 참 잘 키운다. …그래…그래."

얼마 전의 그 어느 날이 기억난다.

학교에서 미술시간에 가족 그림을 그려 왔을 때이다.

어찌 5살 때나 지금이나 사람을 그리는 형태가 변함이 없다. 그림 솜씨가 없는가 보다. 애살 많은 엄마로서는 그냥 이대로 둬서는 안 되겠다는 결론에 이르렀다. 그림을 좀 도와줘야겠다고 결심하여 다음날 집 근처 미술학원에 등록했다. 기본 데생만 좀 잡아주면 그림이 훨씬 나아지겠지 하는 생각이었다.

그러던 것이 수영 배울 때의 특기대로 3년째 꾸준히 그림을 배우고 있다. 한 번은 부산시 주최의 사생대회에서 비록 입선이긴 하지만 수상을 했었다. 제법 잘 그려왔다. 자신감도 슬슬 붙고 나날이 발전되는 그림들을 보는 재미가 늘어간다.

이 참에 미술관 견학은 참 도움이 될 것 같았고 마침 여행을 계획 중이었기에 파리의 몽마르트 언덕 길거리 화가들의 풍경을 시작으로 하여 오르쉐 미술관을 관람하고 암스테르담으로 넘어가서 고흐미술관을 마지막 관람하는 여행계획을 세워보았다. 최근에 고흐에 관심을 가질 찰나였기에 떠나지도 않았는데 벌써부터 이번 여행이 얼마나 가치 있는 여행이 될지 설레는 느낌이 들었다.

한국어로 된 도슨트 오디오 가이드를 접하며 작품 하나하나 아주 소중하게 접근했다. 두말할 것 없이 너무 훌륭했고, 기프트 샵에서 고흐의 도록과 고흐 필통, 원서로 된 동화책들을 구매하였다. '또 한동안은 고흐의 이야기만 한참 하겠구나.' 눈에 그려질 정도였다.

얼마 후 미술학원에서 점묘법으로 독수리 한 마리를 그려왔다. 작품에서 빛이 느껴졌다. 의심스러울 정도의 그림을 그려왔다. 확실히 그림을 대하는 자세가 좀 달라진 것 같다.

잘 다녀왔구나, 미술여행을…!

화려한 채색을 좋아하여 강렬한 보색 대비로 한동안 그리더니 요즘은 톤온톤으로 채색을 마감하기를 좋아한다. 외할아버지로부터 "작품 하나하나 소중하게 간직해야 한다."는 말을 들은 이후로 보물처럼 자신의 그림들을 챙겨둔다. 그 모습을 옆에서 보자니 어찌나 귀여운지, 엄마의 관심과 지원은 반드시 필요하다.

나는 주영이에게 좋은 엄마일까?

•

우리 아파트 단지에는 늦은 밤까지 어린 학생들을 태우고 다니는 수많은 학원 차들이 쉴 새 없이 드나든다. 무얼 하든지 자기 주관을 가지고 하면 된다지만 남들 다 보내는데 너무 내 아이는 풀어 주는 건 아닐까 하고 한 번씩 불안해지기도 한다.

그래서 나는 한 가지를 스스로 약속했다. 어릴 때부터 너무 공부에 지치지 않도록 하루에 여러 학원이 겹치지 않도록 공부시키자 하는 약속이었다. 그리고 그 전에 할 수 있는지, 배울 생각이 있는지 확인하는 것도 잊지 않고, 뭔가를 시작할 때는 꼭 물어본다.

주영이는 결코 학원 수업이 많은 아이는 아니다. 그런데도 왜 이렇게나 자식 하나 앞에 여유 시간 없이 나는 바쁠까? 이런 생각을 한다.

어릴 때 영어 유치원을 시작하여 원어민 선생님들과 꾸준히 발음교정을 해가며 쉬지 않고 어학공부를 해온 노력들이 지금에서야 그 영어 실력이 확연히 드러난다. 작년에 교내 스토리텔링 대회가 열렸다. 이 대회는 3번의 심사로 꽤나 쟁쟁한 경쟁을 뚫고 나가야 했다. 그리곤 반짝이는 상장을 받아왔다. 발음이나 다른 표현은 제일 잘했다고 했고 율동이 조금 모자라 아깝게 1등을 내주고 2등이었다. 아쉽지만 너무 훌륭했고 최고라고 칭찬을 아끼지 않았다.

학교 영어 수업에서 영어로 발표하기 시간이 매번 있다. 언제나 자신 있게 손을 들고 주말에 어떤 계획이 있는지, 오늘은 뭘 할 건지, 어디를 가서 무엇을 살 거라는 등등을 아주 유창하게 원어민에 버금가는 발음으로 발표하고 있다. 물론 매번 손을 들어 발표하는 거의 유일한 학생이라고 한다.

나의 생각은 '꾸준히 배워온 건 나중에 결국 빛을 발한다.'는 것이다. 내 아들이 커서 공부하는 데 있어 조금이나마 이런 뜻이 보탬이 되길 바란다.

욕심을 내면 운동도 더 시키고 싶고 배울 것도 많고 다닐 곳도 많지만 내 마음대로 아이가 자유롭게 성장하는 것을 막으며 어린 시절을 방해하고 싶진 않다. 그건 내 개인적 견해로는 나쁜 엄마의 기준에 속하니까.

뭐든 적당한 건 참 어려운 것 같다. '나는 과연 아이를 잘 키우고 있을까?' 한 번씩 잠들 때면 밀려오는 생각이다. 인터넷 카페 글을 보면 정말 아이에게 온갖 헌신을 하며 하루를 25시간으로 만들어내어 지극정성으로 최선을 다하여 교육에 보탬을 주고 노력해가는 엄마들은 본다. 그럴 때면 매번 나 자신의 부족함을 탓하며 내일부턴 더 좋은 엄마가 되자고 다짐해보곤 한다.

'언제나 지금처럼 밝고 건강하고 바르게 자라다오.'

오늘도 내 옆에 곤히 잠든 모습, 나에게는 여전히 아기 같은 얼굴을 바라보며 볼에 입을 맞춘다. 이 시간이 난 젤 행복하고 평화로운 시간이다.

시간이 조금만 천천히 흐르면 좋겠다. 최근 들어 부쩍 커버린 것 같아서 아쉽다, 정말. 언제 이리 커서 오늘 하루 엄마의 향기로운 커피타임 유무를 확인하여 커피까지 챙겨주는… 이토록 살뜰한 로맨틱 가이가 되었나!

'내리사랑'이라는 말이 있다고 한다. 수도 없이 들었다. 주위에서 하시는 말씀들, 너무 자식에 올인 하며 살지 말라는 말이었다. 결국엔 다 크고 나면 품안에 있을 때 자식일 뿐, 그때 가서 허전하고 외로워질까 말해주는 노파심의 충언이란 걸 안다. 그래 품안에서 멀어지면 그건 그때 생각하기로 한다.

자식에 대한 사랑과 열정은 나 혼자 해바라기 같아도 되는 걸, 그럼…. 너무 내 자식에 관해 무조건적인 사랑으로 베풀기만 하는 건 절대 반대이다. 지금 시대에는 자신의 자식에 대한 지나친 사랑으로 남을 배려하고 이해하는 데는 인색하며 못된 에고이즘에 빠져 살아가는 부모들을 자주 접한다.

그때마다 난 과연 잘하고 있나, 한 번씩 되새겨보며 너무 과잉보호를 해서 자립심을 파괴시킨다거나 오늘 하루는 내가 더 좋은 엄마가 되기 위해 실수한 건 없나 되돌아본다. 남들 앞에서 내 이기심을 앞세워 누군가에게 경솔하게 말하지는 않았나? 마음이 급해져서 호들갑스럽거나 목소리가 커져서 우아함을 지키지 못한 적은 없었나? 부모는 아이의 거울이고, 아이의 표정은 부모의 평소 모습이라고 한다. 참 맞는 말이다. 주변을 봐도 그리 느껴지니까.

아이는 내가 하는 대로 보고 배우며 자란다. 언제나 하루하루 더 멋진 사람이 되도록 행동해야 한다. 그렇게 오늘 하루를 보내면서 내일의 더 나은 엄마가 되길 다짐해본다.